岡 山 文 庫

317

備中町再発見《びっちゅうちょうさいはっけん》

高見《たかみ》 寿《ひさし》

日本文教出版株式会社

岡山文庫・刊行のことば

岡山県は古く大和や北九州とともに、吉備の国として二千年の歴史をもち、遠くはるかな歴史の曙から、私たちの祖先の奮励とそして私たちの努力とによって、現在の強力な産業県へと飛躍的な発展を遂げております。

小社は創立十五周年にあたる昭和三十八年、このような歴史と発展をもつ古くして新しい岡山県のすべてを、〝岡山文庫〟(会員頒布)として逐次刊行する企画を樹て、翌三十九年から刊行を開始いたしました。

以来、県内各方面の学究、実践活動家の協力を得て、岡山県の自然と文化のあらゆる分野の様々な主題と取り組んで刊行を進めております。

郷土生活の裡に営々と築かれた文化は、近年、急速な近代化の波をうけて変貌を余儀なくされていますが、このような時代であればこそ、私たちは郷土認識の確かな視座が必要なのだと思います。

岡山文庫は、各巻ではテーマ別、全巻を通すと、壮大な岡山県のすべてにわたる百科事典の構想をもち、その約50%を写真と図版にあてるよう留意し、岡山県の全体像を立体的にとらえる、ユニークな郷土事典をめざしています。

岡山県人のみならず、地方文化に興味をお寄せの方々の良き伴侶とならんことを請い願う次第です。

目次／備中町再発見

表紙／用瀬の嶽
扉／平川古銭山大社の地神塔

1　はじめに

昭和三十一年（一九五六）九月三十日、富家村、湯野村、平川村が合併して、川上郡備中町となった。それから四十八年後、平成十六年（二〇〇四）十月一日、高梁市の一部になった。平成の大合併である。

令和二年（二〇二〇）の現在、高梁市に合併してから十数年が経過しているが、備中町時代の活動や地域の結びつきは、いまなおたくさん残っている。名所、旧跡、歴史、文化などは貴重な財産である。人口減少によって過疎がますます進んではいるが、記録にとどめて、備中町のよさを再確認したいと考えた。備中町再発見と題して紹介する。

2　備中町概観

地理

備中町は、岡山県の中西部に位置し、広島県に接している。地形は、吉備高原と呼ばれる海抜が平均五〇〇メートルの高原地域と、広島県から流れ出た成羽川とその支流が作った深い渓谷とに分かれる。布賀、平川、油野、西山が高原地域、布瀬、黒鳥、長谷、田原などが、川沿いの狭い地域である。

中世は、油野郷と穴門郷に属していた。徳川時代になって、平川村と湯野村は天領（幕府直轄地）に、布賀村、長屋村は水谷領に、布瀬村は成羽藩山崎領になった。

明治二十二年（一八九九）の町村制施行により、湯野村、平川村、富家村が発足し長く続いた。その後、昭和三十一年（一九五六）

九月三十日に備中町が発足した。

「町村名変遷」

		徳川時代	明治二十二年町村制	昭和三十一年九月三十日
由乃郷	東湯野村	幕領 上下支配所	湯野村	備中町
	西湯野村			
	西山村			
穴門郷	平川村（長谷組）		平川村	
	布賀村	水谷領	富家村	
	長屋村			
	布瀬村	成羽藩 山崎領		
	（志藤用瀬）			

備中町の発足

備中町の発足には多くの議論があったのち、昭和三十一年（一九五六）九月三十日に、富家村、平川村、湯野村の対等合併が実現した。背景に、昭和二十八年町村合併促進法が施行されたことがある。

事務所（役場）の位置は黒鳥に決まったが、二年半は田原地内に臨時事務所を置くこととなって、田原高校の教室を使った。富家村役場は老朽化していて、すぐに使用するには改修が必要だった。そこで、新庁舎を建設することにした。新庁舎は昭和三十四年三月末に完成し、四月から使用した。

発足時の人口は、男四八〇三人、女四七六一人、計九五六四人(昭和三十年十月国勢調査)。農家人口八三〇〇人。学校は、小学校七（分校一）、中学校四、高等学校一、児童生徒合

計二四三八人。無電灯世帯七〇と記録がある。

備中町の町章は昭和三十六年（一九六一）六月に決定した。備中町の象徴として、端的に備中町を表し、町民の中心ともなるべき町章の制定を行いたいと、かねて一般に募集していた。応募数六十三点の内から、岡正午氏の作品が選ばれた。当時、町産業課長。作品構想は、円で円満を表し、「備中町」の「び」と「中」を図案化し、前途に躍進を象徴したもの。

十周年

昭和四十一年（一九六六）九月三十日に、町制施行十周年を迎えた。特に改まった記念式典というものはなかった。備中町報十月号に、町長が記念式典は行わない代わりに、と所感を発表している。この十年間に行った行政上の施策と今後の展望を述べている。

備中町史刊行事業

備中町史は、昭和四十五年（一九七〇）三月民俗編、四十七年九月本編、四十九年七月史料編と全三巻が刊行された。町史編纂が計画されたのは、昭和三十九年度（一九六四）のことであり、十年がかりの大事業であった。

町史編纂の契機となったのは、昭和三十九年度に行われた、平川安田地区の文部省民俗資料緊急調査と四十年度のダム水没地区の民俗資料調査である。当時新成羽川ダムがいよいよ着工されることになり、ダム建設によって永久に水没する地区はもちろん、急激に変貌しつつある社会情勢から、町の姿を町史として残しておくことの急務が痛感された。更に、明治百年の記念事業が全国各地で計画されていたこともあり、ダム建設と明治百年を記念する事業として、備中町史編纂計画が図られた。

編纂委員長には、岡山大学学長谷口澄夫氏を委嘱し、岡山大学の先生方を中心に二十数名の郷史家による編纂委員会が結成され、本編と史料編の刊行が企画された。更に、岡山民俗学会の二十数名の民俗学者の方々に委嘱し、民俗編の刊行も企画された。以来四十数名の権威者による努力が積み重ねられて、二千頁に余る備中町史が刊行された。このような権威ある大作の町史は、県の内外に例がないばかりか、今後も簡単に計画されるものではないと考えられた。

本編の序に、次のように記されている。

備中町は新成羽川ダムの建設により、ダム周辺の集落が湖底に没して、永久に姿をあらわさなくなったので、その地域のかつての面影を記録に残すことは、移転を余儀なくされた水没地域の方々に対する義務であります。

備中町史はこの地域を含めた郷土の姿を後世に伝える、唯一の貴重な歴史的文献であります。

わたくしたちの祖先が、幾多の苦難とたたかいながら営々として積み重ねた郷土の足跡、これを受けついだ私たちもまた、みんなで力を合わせてより住みよい郷土をつくり、次代の人たちに引きつぐのでなければならないと思います。

また、民俗編のあとがきには

　六百頁の民俗編は、民俗学者が延べ六百日備中町へ足を運んだ成果である。

と記されている。岡山民俗学会が総力を挙げて取り組んだものであった。今日、『備中町史』を読むと、戦後二十年経過した頃の平和になった郷土の活気がよみがえってくる。

　本稿は『備中町史』によるところが大きい。

二十周年

　昭和五十一年（一九七六）七月八日、備中町中央公民館で町制施行二十周年記念式典が行われた。町長は、「この二十年は町政にとって激動の時代であった。高度経済成長のヒズミがもたらした過疎の波は、依然として厳しく、過疎対策こそ町政の中心課題である」と挨拶で述べている。長野士郎県知事が出席し祝辞を述べた。六月末の人口五一四三人。

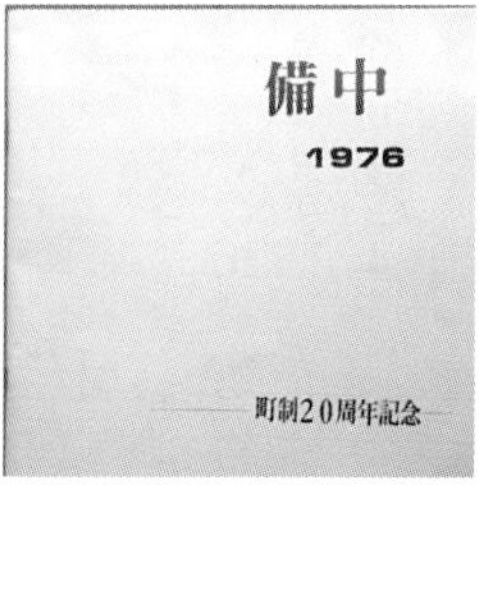

三十周年

　昭和六十一年（一九八六）十月一日、富家中学校体育館で、町制施行三十周年記念式典が行われた。記念刊行物として、町の移り変わりを紹介する『三十年の歩み』『備中町の農林業』を発行した。十月末の人口四〇五〇人。

　町制施行三十周年記念事業として、備中町民憲章、備中町の花・木・鳥が制定された。

昭和六十一年四月三十日制定。
案は公募された。

〈備中町民憲章〉

わたくしたちは、美しい自然に恵まれたふる里のより明るく豊かでたくましい心のふれあう町づくりのため、未来をひらく町民憲章を定めその実現につとめます。

一、新しい産業を育て、豊かな町づくりにつとめましょう。
一、勤労を尊び、活力ある町づくりにつとめましょう。
一、健康を増進し、明るい町づくりにつとめましょう。
一、教養を高めあい、心温かい人づくりにつとめましょう。
一、自然と伝統を守り、文化の向上につとめましょう。

〈備中町の花　つつじ〉

日本全国に広く分布し、高梁地方でも多く見ることができます。備中町でも四月新緑のころ、紅紫の花を開き、全山つつじに覆われ素晴らしい景色となります。

〈備中町の木　うるし〉

うるしと言えば「備中うるし」と言われるほど、全国にその名を知られています。備中うるしを使った漆器は、高級工芸品として知られ、その内に秘めた美しさは見事なものです。

〈備中町の鳥　きじ〉

きじは、その美しい姿のみならず、するどい鳴き声は山々にこだまし、山鳥の王者の風格をそなえています。そして、山野をかっ歩し、大空を飛ぶ姿はまことに勇壮華麗です。

ウエスタンロマンのまち備中

平成六年（一九九四）、「ウエスタンロマンのまち備中」を宣言した。山並みがアメリカ西部に似ている、県の西部に位置する、観光拠点が西山高原、町づくりに西部開拓者精神の必要性など「西」に着目した。新しい町づくりのキャッチフレーズに掲げた。写真はシンボルキャラクターの募集ちらし。翌年五月、備中町のシンボルキャラクターが決定した。最優秀作品に選ばれた池本美由紀氏（福岡県北九州市）の作品をもとに決定。愛称は「ビスター」と決定。「ビ」は備中町の「ビ」、「スター」はキャラクターの「スター（星）」から。スター（人気者）になることを願っている。

このキャラクターは、様々なところで使われた。広報誌の表紙には毎月登場している。写真は、町制施行四十周年記念のコップ。反対側には、未来をひらく備中町民憲章が印刷されている。

町制施行四十周年記念式典

平成八年（一九九六）十月一日、富家小学校体育館で、町制施行四十周年記念式典が行われた。出席者約三百五十人。町民憲章朗読、町長挨拶などがあった。二十一世紀

に向けてさらなる発展を期した。写真は四十周年記念の時計。九月末人口三三五六人。

備中町閉町記念式典

昭和三十一年（一九五六）九月三十日町制施行以来四十八年。五十周年を迎える直前に閉町することとなった。いわゆる平成の大合併である。

平成十六年(二〇〇四)九月二十三日、「ありがとう備中町」備中町閉町記念式典が、富家小学校体育館で行われた（写真提供：丹下佳昭氏）。式典では「備中町の歌」を歌った。

備中町報

『備中町報』は町が発行した広報誌。町制施行の翌年七月十五日、『公民館報備中町』創刊号が発行された。発行所は備中町公民館、発行人小田武雄、編集人赤松月船、印刷所陶山伝五郎。題字は、小田武雄町長の筆である。

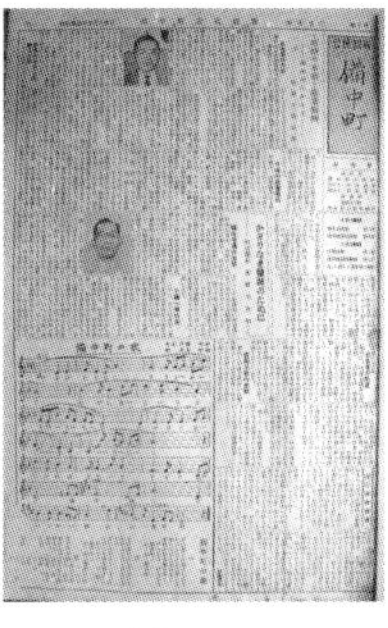

編集の言葉として赤松月船氏が「新しい町づくりがはじまろうとしている。めいめいの町

であると共に、お互いのふるさとである。誰のものでもあるのではないこの分りきったことを、ほんとうに分りきった明晰さで、くっきりと意識の上に打ち立てようではありませんか。」と書いている。新生備中町を発展させる意気込みをもって、公民館の広報活動として発行したのである。

備中町の歌

備中町の歌がつくられ、「おお備中町」と歌われた。作詩赤松月船、作曲林正志。『備中町報』創刊号に、作詞者の赤松月船氏が「備中町の歌」に寄せた文を載せている。

備中町のうたが出来ました。足なみをととのえる。心を一つにする。何をするのにも、焦点が一つきまっていなくてはならない。その焦点を備中町という共同体に焼きつけようとするための歌であります。単純で簡明で、一すじの脈線のようなことばをえらびましたが、みんなが、お互いが一つになることが指向されてあります。林正志氏によってたのしい曲をつけてもらいました。

備中町は平成十六年九月三十日をもって幕を閉じた。「備中町の歌」は、歌う人がいなければ忘れられる。

備中町の広報誌

隔月発行となっているが、第二号は昭和三十三年（一九五八）一月一日発行、第三号は三月十日、四号は六月十日、五号は七月二十日と続き、以後は大体毎月一回の発行になった。

昭和四十七年（一九七二）三月号の第一六七号でタブロイド判は終わり、四月からはB5判横向きになった。

昭和四十九年十二月に第二〇〇号を迎えた。

その後『備中町報』、『広報備中』、『広報びっちゅう』と名前を変えて、町の歴史を刻んできた。

平成八年（一九九六）十月、第四六一号では、備中町制施行四十周年記念式典の模様を詳しく報じ、二十一世紀に向けさらなる発展を期している。

ところが、時代は進んで、備中町制四十八年の歴史に幕を降ろすときがきた。

備中町の広報誌は、平成十六年九月号、第五五六号をもって最終号となったのである。次の十月からは新「高梁市」発行の『広報たかはし』となった。

新しい「高梁市」発足

平成十六年十月一日、高梁市、有漢町、成羽町、川上町、備中町が合併し、新しい「高梁市」が発足した。「平成の大合併」といわれる。写真は広報紙の創

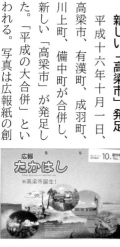

刊号。表紙には、合併した各市町村を代表する写真を配置してある。中央左は、備中町西山高原から備中湖（新成羽川ダムの貯水湖）を眺めたところ。

川上郡地図

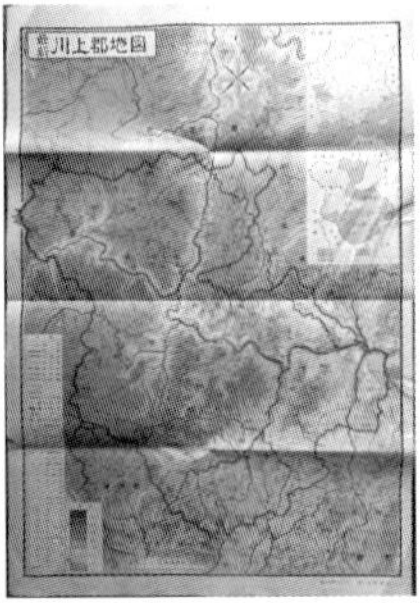

昭和三十四年（一九五九）の川上郡の地図。備中町はすでに発足している。仮庁舎が田原にある。黒鳥に新庁舎ができるのは昭和三十四年三月末だが、まだ地図に反映していない。まだ新成羽川ダムはないので、流域に多くの集落が記されている。現在は一部や全部がダム湖の底になっている。

町境標識

県道三十三号線（新見川上線）を領家の手川橋から北西に進んでいくと、右手に吉木橋がある。さらに進むと谷川があり橋を渡る。ここから備中町布瀬。もともと、領家村と布瀬村の境だった。川向こうに見える集落が備中町用瀬。写真の奥に見える絶壁が景勝・用瀬の嶽《たき》（表紙写真）。

布瀬

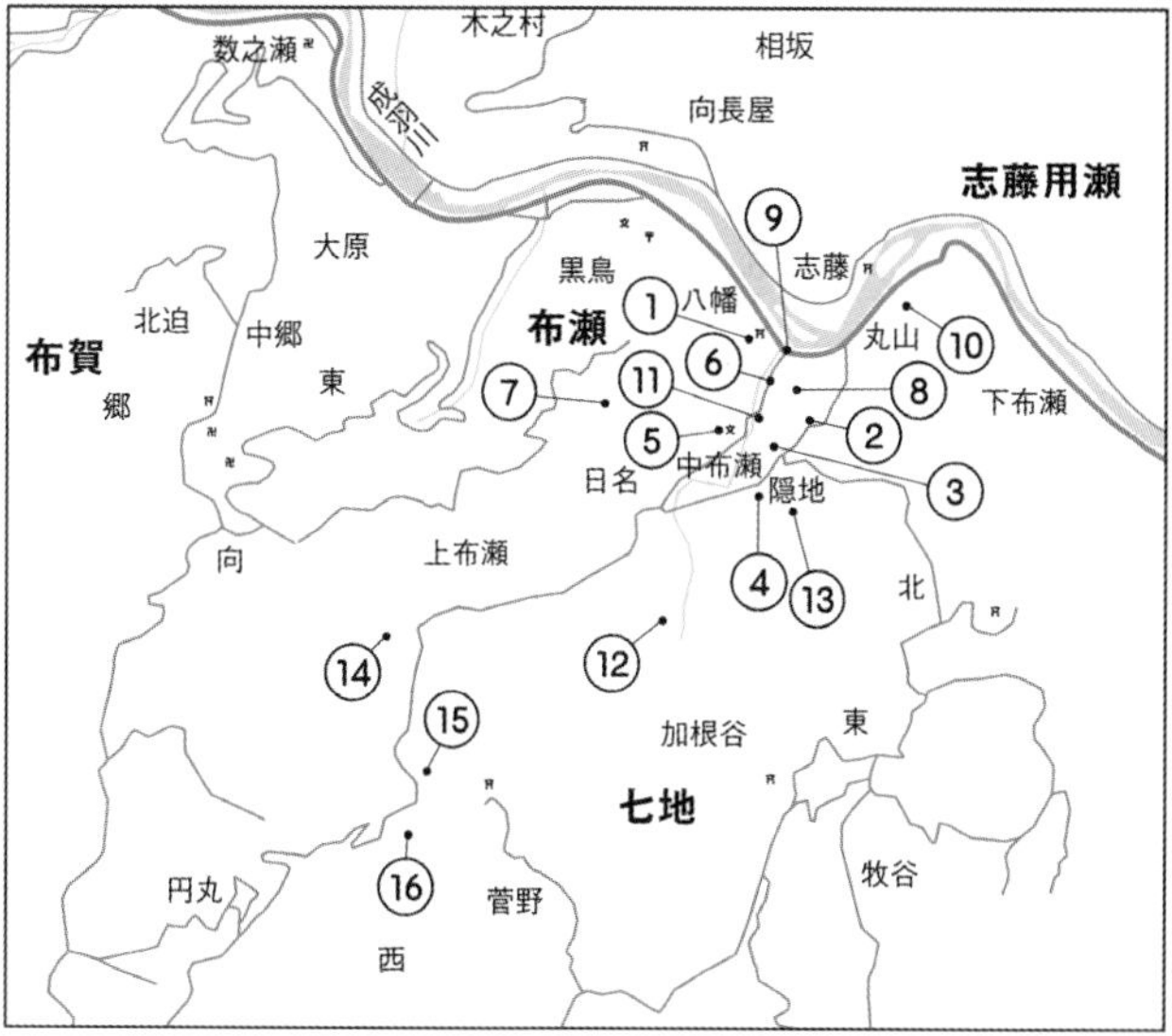

①布瀬八幡神社　②傳正寺　③護王様　④風呂谷荒神社
⑤布瀬小学校　⑥魚道　⑦権現嶽　⑧丸山　⑨布瀬橋
⑩大滝山鉱山　⑪布瀬会館　⑫砂防ダム　⑬大通寺
⑭阿弥陀風呂荒神社　⑮磐窟渓　⑯磐窟渓鍾乳洞

3　布瀬

中世の「布瀬」は川上郡六郷の一つ穴門郷に属していたといわれ、戦国時代に「布施」の地名がある。『吉備津神社文書』の中の「流鏑馬料足納帳」の記録に、康正三年（一四五七）分として吉備津宮へ流鏑馬費用が納められていて、

　二百八十文ふせ　直納

と書かれた記録が残っている（岡山県古文書集第二集）。

また、『布瀬村代々国司之事』（岡山大学・平川家文書）に、

　文明乙未（一四七五）ヨリ永正壬申（一五一五）迄三拾八年ノ間東寺ノ寺領ニ渡ル

とある。

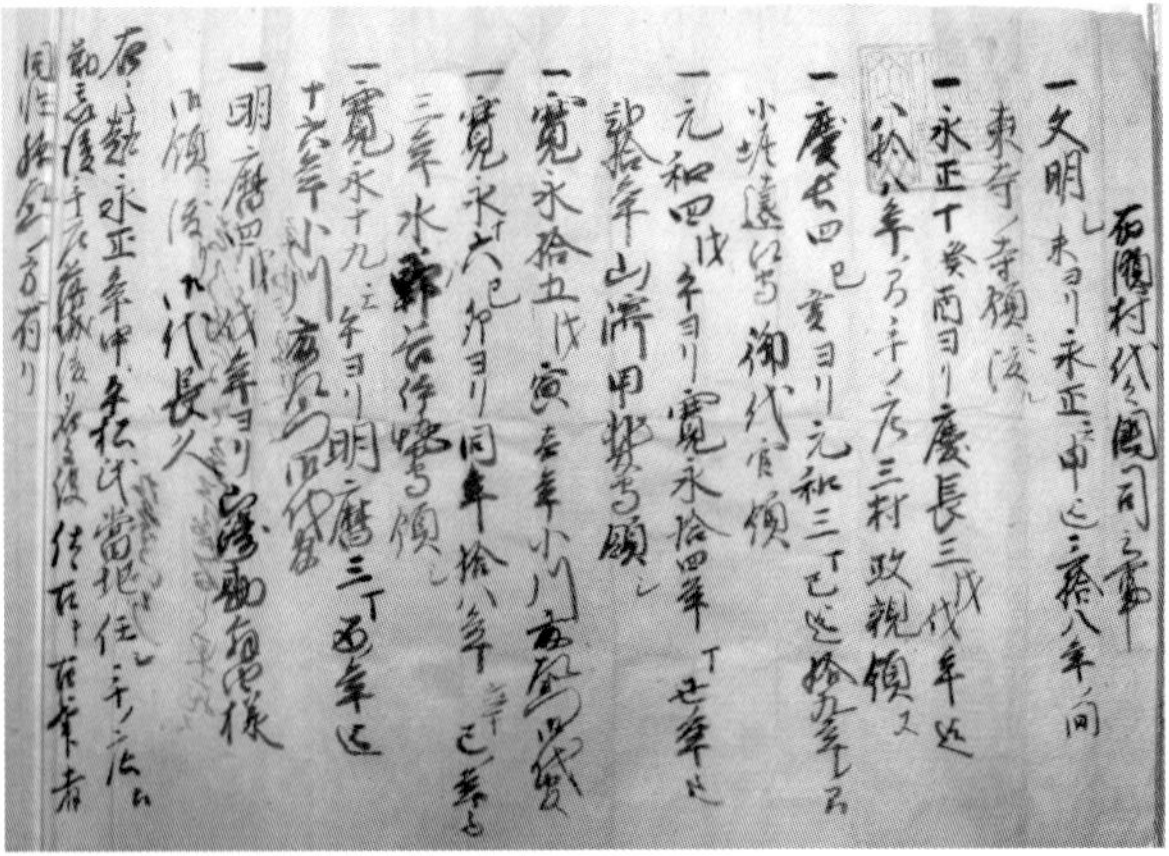

「布瀬村代々国司之事」岡山大学附属図書館所蔵

また、『成羽八幡神社旧記』（渡辺家文書）に、
癸卯天文十二暦三月七日（一五四三年）、渡辺甚兵衛ト云男、生国ハ摂州の者也、是も諸国乱破に付テ当国に来て、川上郡布施村に居住す、其節、渡辺トハ不名乗、古振甚兵衛と名乗りたり、布施村ニテ古振ト云所ニ住ミケルニヤ、とある（岡山県古文書集）。
江戸時代の「布瀬村」は、上下代官所領、成羽藩領を経て、成羽山崎領となった。

成羽藩

成羽藩は、元和三年（一六一七）、因幡若桜藩の山崎家治が立藩。寛永十六年（一六三九）、常陸下館藩水谷勝隆。万治元年（一六五八）、山崎豊治。以後、幕末まで山崎領。写真は元禄十年（一六九七）丑八月の布瀬村地図。左端が成羽川。山崎主税様と見える。

特産物

『備中誌』には特産物は蠟《ろう》を当村より出し、「日本最上」と記している。近世には成羽川の高瀬舟による河川交通も盛んになった。布賀の野呂から人馬で「野呂の道」を下り「布瀬」で河岸に出る輸送路もあった。

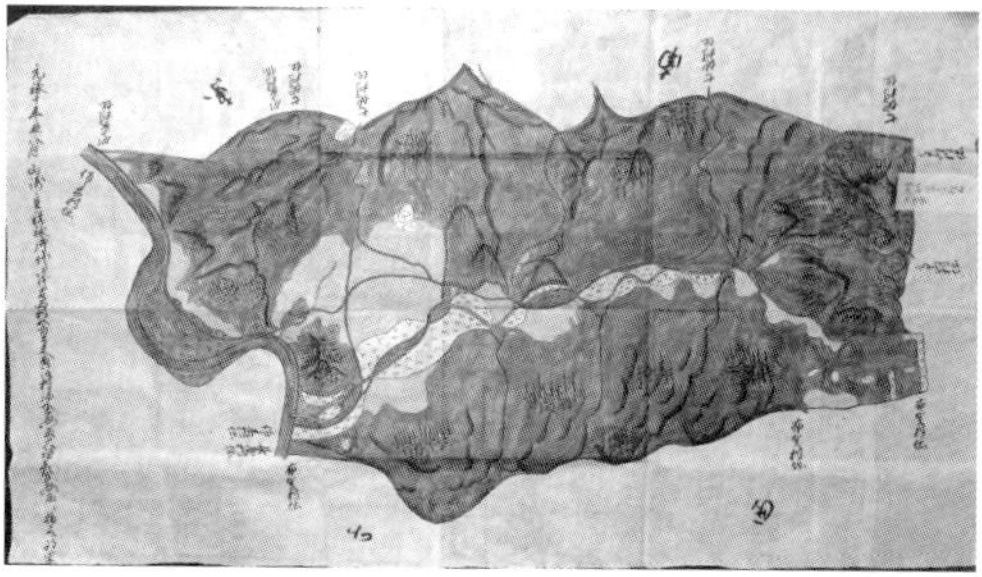

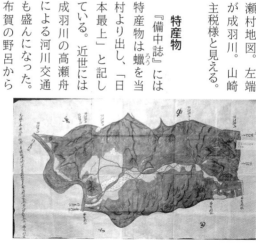

布瀬村

「布瀬村」は、明治一〇年（一八七七）、七地と布瀬が七瀬村の一部となった。その後再び布瀬村と七地村に分かれ、明治二十二年（一八八九）富家村の大字となった。

布瀬と黒鳥の境にある「長栄堂」製菓店が備中町大字布瀬一番地である。

①布瀬八幡神社

木船山八幡神社は布瀬の木船山に鎮座する村社である。伝承によれば、近江国大通寺の行脚僧が当地に来て庵を営んで滞在し、木船山八幡神社を勧請したものだという。その庵が布瀬の大通寺だという。戦後の農地改革までは、神社に通じる鳥居の下手に、大通寺所有の土地があった。ここには昭和四十年代まで高橋氏の家屋があった。

布瀬は成羽山崎藩の支配地であった。

廃藩置県の際、山崎の殿様から約七十町歩の入会地をもらい、有力者四人の名義で共有地としていたが、昭和二十八年（一九五三）布瀬八幡神社の名義とした。一般に、村山《むらやま》と呼んでいた。

『備中町史・資料編』によると、八幡神社に次のような棟札が残っている。

木船山八幡神社宮棟札　延宝六年（一六七八）

天長地久国土安全五穀成就諸民豊栄
延宝六戊午暦　神主神田屋敷　敬白
奉再興八幡宮　願主　平松孫兵衛定
重　当村惣氏子中
諸願円満家門繁栄武運長久如意吉祥
仲春吉辰備前金川村馬守子孫
大工　槙木六右エ門尉

江戸時代初期、神社を再興したらしい。現

在、この棟札の実物の行方は分からない。

創建はこの時期より前ということになる。拝殿の屋根替えは何回もなされたが、昭和二十七年に桧皮葺きから瓦葺きに改めた。

布瀬八幡神社の絵馬

一般的に、絵馬は、祈願する、あるいは祈願した願いが叶ってその謝礼をするときに寺社に奉納するもの。木の板に絵が描かれている。

布瀬八幡神社の絵馬は、伊勢参りのときの無事帰還した記念として奉納されたもの。大阪や京都で買い求め、みんなで棒で担いで持ち帰り奉納した。

『備中町の名所』には、次の十三枚が記録されているが、現在残っているものは○印の十枚である。古いものは弘化年間のものがある。いずれも比較的褪色もなく極彩色のままで保存されている。

年月不明　本能寺の変
年月不明　田原藤太
年月不明　柿本人麿○
年月不明　一の谷嫩軍記○
年月不明　賤ケ岳の戦○
弘化二年　富士の巻狩○
明治五年　前九年の役○

明治五年　宇治川の先陣○
明治二十六年　三韓征討○
明治二十六年　清正虎退治○
明治二十八年　日清戦役紀念
明治三十四年　新田四郎○
明治四十二年　熊谷と敦盛○

前九年の役は、源頼義・義家父子が奥羽地方の豪族安倍頼時とその子貞任・宗任らを討伐した戦役。平定するまで十二年にわたって断続した。源氏が東国に勢力を築く契機となった。写真は、源義家と安倍貞任（前九年の役）の絵馬である。

前九年の役

図は、康平五年（一〇六二）九月、岩手県盛岡市附近の衣川。白馬は源義家、黒馬は安倍貞任である。

百度石、御手洗

布瀬八幡神社には、百度石、御手洗、狛犬、日露戦

百度石

御手洗

狛犬

役凱旋奉賽注連柱、鳥居が寄進されている。
江戸時代から明治のものである。

日露戦役凱旋奉賽注連柱

鳥居

合祀社

本殿横の合祀社は、貴船神社、杵築神社、水分神社が合祀されている。

・貴船神社…船溜神社ともいう。もともと布瀬橋の上手、川に面した位置にあって、高瀬舟の船頭が信仰していた。道路拡張のとき船運送業に関係していた宮野氏の宅地内に遷座。その後、平成二十四年、現在地に遷座した。

・杵築神社…由緒不詳。

・水分神社…天の水分《みくまり》神。もとは丸山の頂上にあって龍王神社と称し、社殿があり、雨乞い行事が行われる神社であった。社殿が荒廃したため、昭和三十六年（一九六一）にこの地へ遷座した。

現在、上の三社が合祀されているが、もともとは貴船神社はなく天神社があった。このことについては、昭和三十七年三月十五日付「水分神社、天神社、杵築神社合祀新社殿建築工事報告書」が詳しい。

地神塔

田畑の神。安政二年（一八五五）卯天八月吉祥日と刻まれている。

薬師堂

布瀬八幡神社への参道そばに薬師堂がある。棟札に、明治二十年（一八八七）九月二十四日、奉建立薬師堂一宇供養眼病快復とある。眼病平癒のお札として勧進したとのことである。

堂内には、三体の像が安置されている。そのうちの一つは、青色の彩色がなされた立派なものである。

このお堂の左前の畑に「井手のひら」という地名がある。これは、大通寺過去帳に載っている「井手の平」の屋敷跡であろう。宝暦頃（一七五〇年代）まではあった家らしい。

万人講碑

牛や馬は、農業に欠かせない家畜である。牛馬は、現在の言葉で言うと、田畑を耕す耕耘機であり、荷物を運ぶトラックである。また、糞尿は堆肥として肥料になる。動物であるから病気もケガもする。時には、狭い山道で、荷物を背負ったまま足を滑らせ、転落して亡くなることもある。こうしたことから、死んだ牛馬があると、篤志者からお金を集め（万人講）牛馬を購入した。残ったお金で路傍に碑を建て、道しるべ

とした。布瀬の各地に残っている。（①～⑤）

例えば、日名組のものには（④）、

西八布賀高山
東八成羽　古米
善吉

とあり、顔を三つ持つ荒神像とその下に牛が刻まれている。

②傳正寺

布瀬橋の南に、高低差一〇〇メートルの山があり、丸山と呼んでいる。昭和五十年代の地籍調査につかった切絵図によると、この南西斜面の地名は傳正寺である。写真は切絵図の

一部（下が北）。区域の左側（南西側）に傳正寺の地名が見える。時期は不明だが、傳正寺という寺があったと思われる。大通寺の過去帳には記載がない。

この付近には、五輪石が多く掘り出されたので、寺院と関係があるかもしれない。また、大通寺は、現在の地に移る前にこの切絵図の右上の位置にあったから、傳正寺と関係があったかもしれない。

この付近には、高梁市（当初は富家村）所有の土地があり、墓地として利用されている。岡本氏（屋号・小那田）の土地であったが、戦没者のために富家村に提供された。

この地域に移り住んではじめて墓地が必要となった人の墓地がここに作られている。最初に埋葬されたのは昭和十二年（一九三七）日華事変（当時の呼称）の戦死者で、布瀬小学校で村葬が行われた。

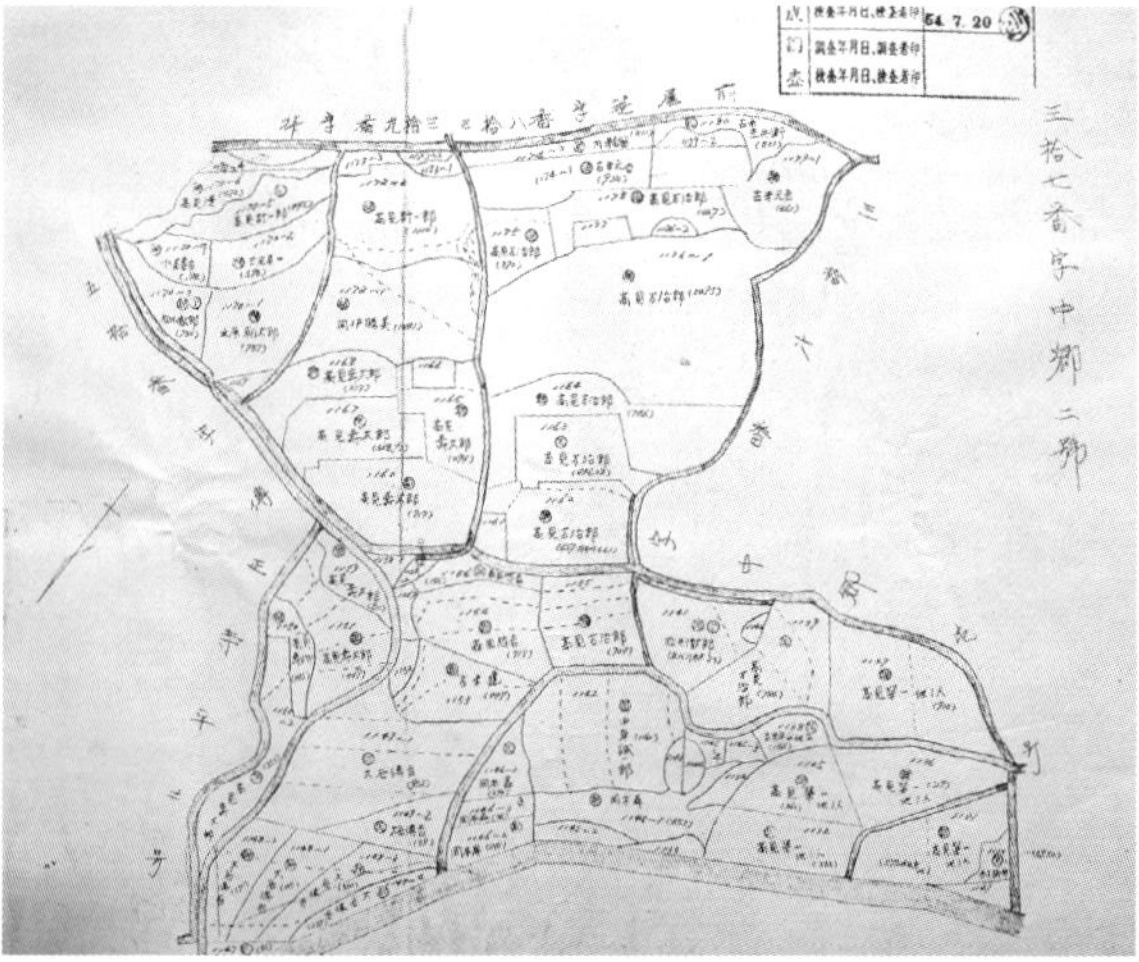

③護王様

　自分の家だけで神様を祀っている家がある。写真は、布瀬の中原（屋号）の護王様。この家は、現在の先祖が入居したのが約二百年前。護王様は、神職の家に祀られていることが多いので、前には、神職（神田太夫）が住んでいたと推定されている。八幡神社の棟札に神田太夫の名が残っている。住む人が変わっても祭祀は丁寧に行われている。

④荒神社

　荒神様が各地域で祀られている。布瀬には、室松荒神、木山荒神、広畑荒神、風呂谷荒神、平松荒神、泉谷荒神、阿弥陀風呂荒神などがある。かつては毎月一回、荒神講があって祭祀が行われていた。写真は、平成二十九年八月再建された風呂谷荒神社（大通寺の下）。

　七年ごとの式年神楽は各荒神社ごとに行われていた。令和二年一月十一日、初めて布瀬全部の荒神社が集まり、荒神神楽が「いわや荘」で行われた。

⑤布瀬小学校

　布瀬小学校の前身は、明治六年（一八七三）一月二十一日、川上郡第四番学区七地村、有甫小学校支校として大通寺に開校。通称・啓蒙所。明治十四年　布瀬小学校と改称。明治十六年　大智庵跡へ新築移転（写真）。明治二十年六月　尋常布瀬小学校と改称。明治二十三年　尋常富家小学校第一支校と改称。明治四十二年三月　火災全焼。一〜二年は中田屋、三〜六年は大通寺で学習。明治四十四年五月、布瀬一八二番地の一へ新築移転。現在の位置。昭和二十四年四月 富家村立布瀬小学校と改称。昭和三十一年五月、本館改築。

　写真は、本校舎落成の栞。落成を記念して作成された。ここに記載されている児童数は、一年三十九名、二年四十一名、三年四十四名、四年三十一名、五年十五名、六年三十五名、計二百五名である。五年は終戦の年、昭和二十年度生まれ、三年、二年、一年は、それぞれ昭和二十二・二十三・二十四年度生まれ。いわゆる団塊の世代である。

創立百周年記念碑

　昭和四十八年（一九七三）十一月四日、創立百周年記念式典。写真は記念碑。書は岡崎常太郎氏（一八八〇〜一九七七）による。氏は、備中町黒島出身の昆虫学者で学習院大学教授を務めた能書家。町内に書が残っている。

昭和五十二年（一九七七）四月、備中町立布瀬小学校・布賀小学校・長谷小学校を統合しこの地に備中町立富家小学校が開校した。

　写真は、校舎の正面に掲げられていたもの。

　その後、昭和六十三年（一九八八）四月に黒鳥の富家中学校跡地に新築移転した。

　校地の一角に碑が建てられている（写真）。現在、跡地には、高梁市立備中保育園がある。

　備中町には、布瀬、布賀、長谷、平川、田原、湯野、西山に小学校があった。いずれも、始まりは明治五年（一八七二）か明治六年（一八七三）で、昭和四十八年（一九七三）に一斉に創立百年を迎え、各校で記念式典が行われた。

　しかし、現在すべて閉校となっている。

久保田宵二童謡碑

久保田宵二は、明治三十二年布瀬の大通寺の生まれ。名は嘉雄。童謡、民謡詩人。布瀬、布賀、東油野小学校の教壇に立った。大正末、志を立て上京。「昭和の子供」などの作品で知られる。昭和六十二年（一九八七）五月、布瀬小学校に童謡碑が建立された。設計彫像・宮本隆、撰文・山本遺太郎、揮毫・高見俊一。

「こだま」

布瀬小学校にある「こだま」は、用瀬出身の彫刻家宮本隆の作品。宮本隆氏は昭和五年（一九三〇）三月、布瀬小学校卒業。開校百周年記念に製作されたもの。昭和四十八年（一九七三）十一月四日建立。モデルは、当時六年生の赤木くん（黒鳥）と宮本さん（用瀬）。身長のバランスがいいとして選ばれた。

⑥魚道

水田用水を確保するため河川に井堰が設けられている。しかし、魚の遡上には妨げになる。そこで、昭和五十三年（一九七八）三月、布瀬中田屋前の井堰に、遡上のための魚道を設置した。写真はその記念碑。書は、当時の自治大臣加藤武徳。裏面に、この事業を推進した高見格一郎氏の漢詩がある。

　川路頃来崩壊多
　魚蝦散逸邑人嗟
　恰宜泝道通新棣
　春水漫々猶擲梭

⑦権現嶽

　備中保育園の裏山の頂上辺りは岩山が飛び出ている。ここを権現嶽という。保育園の海抜は一〇〇メートルで、権現嶽四五〇メートル。高低差が三五〇メートルある。

　権現嶽から離れたところは比較的平らになっていて、かつては畑作が行われていた。屋敷があったとも言われている。海抜四六八・三メートルの三角点がある。呼称「阿部《あぶ》」。

　権現嶽の右下の位置に、岩が飛び出したところを水晶嶽と呼ばれている。かつて小学校の水源となった時期があった。

　写真は権現嶽の上から布瀬を見下ろしたところ（平成三十年三月撮影）。中央の小山は、丸山と呼ばれ、高低差は一〇〇メートルである。

⑧丸山

　布瀬川が成羽川に合流する所に高低差

一〇〇メートルの山があり、丸山という。頂上にはかつて、龍王様が祀られ、干天のときには村人が集まって雨乞い祭祀が行われた。荒廃したため、昭和三十六年に布瀬八幡神社に合祀されている。現在、宝篋印塔が残っている（写真・制作年代不明）。参道に慶應四年六月寄進の御手洗がある。

⑨布瀬橋

布瀬橋は、布瀬川が成羽川に合流する所にある。古い橋は昭和五年（一九三〇）六月に架けられ、親柱には、府縣道成羽東城線と記されていた。現在の橋は、道路拡張工事に伴って、平成十四年（二〇〇二）一月完成。

写真は下流から上流を望んだもの。布瀬橋から上流三百メートルほどのところは火打嶽という。道路は水面から高さ十五メートルの位置にあり、絶壁を削って造られている。

⑩大滝山鉱山

志籐の川向こうに見えるのは下布瀬、中央の家は山根木（屋号）。その右上に、かつて、大滝山鉱山があった。悪水悪煙を出したため、明治二十年(一八八七)、下布瀬、小那田、陰地、中組、日名、約八〇戸に補償金が出た。真下の五戸に一戸あたり七十銭。遠くなるにつれて減額し、中組六銭である。

⑪布瀬会館

町内七か所(平川、布賀、長谷、田原、西山、油野、布瀬)にコミュニティハウスが建設され、名称は公募によって付けられた。写真は布瀬の「布瀬会館」。昭和五十九年(一九八四)二月完成。この地は、中布瀬共同集荷場があったところ、昭和三十三年度農山村振興特別助成事業補助金で建設された。その前は田圃。

八幡橋

コミュニティハウス布瀬会館の前にある橋を、八幡橋という。かつては中橋と言っていたが、永久橋になって名前が変わった。古老の話によると、太平洋戦争中は、親柱にチャー

チルとルーズベルトの藁人形をくりつけ、叩いたり蹴ったりして橋を渡ったそうだ。

⑫砂防ダム

布瀬から七地に行くには、四つの道があった。天林《てんば》道、付谷道、徳坊子《とくぼうし》道、磐窟道。

七十年も前のこと、二十代のお母さんが、下の子供を背負って上の子の手を引き、付谷道を布瀬から実家のある神野（ほや・川上町）まで行ったという。途中に砂防ダムがあり、その付近ではシジミが採れた（写真）。

⑬大通寺

布瀬陰地組にある臨済宗渓林山大通寺は、応永二年（一三九五）開山。開祖第一世は千畝周竹和尚。明治末期に臨済宗大本山佛通寺派（三原市）に属し現在に至る。

口伝によると、近江の行脚僧がやってきて、布瀬八幡神社石段の右側に草庵を結び、京都の貴船社の分身を勧請したという。その後、大智庵に移り現在地に移転した。

八幡神社石段のそばの高橋氏の畑の中に、約二坪程の大通寺名義の地所が、昭和二十三年農地改革まであった。草庵跡と考えられている。また、現在、大通寺の敷地の下に、約二坪の高橋氏名義の土地が存在する。八幡神社下の土地との関係がうかがわれる。

・本尊　虚空蔵菩薩
・脇仏　観世音菩薩

大通寺遠景

虚空蔵菩薩像

鐘堂と開創 600 年碑

本尊は虚空蔵菩薩。像は室町時代の作といわれる黒塗木像。金塗蓮台に座禅。

この像は江戸中期作と考えられる厨子に安置されている。

大正九年（一九二〇）四月に富家村役場が、村内の寺院の仏器、什宝仏を調査した報告書が残っている。その中の大通寺のところを確認してみた。調査から百年が経過しているが、本尊虚空菩薩像、千年観音菩薩像、初祖達磨大師像、大現菩薩像、仏舎利、大般若経三百巻が本堂に現存している。

住職

第一世　開山千畝周竹和尚

第十九世　石鼎和尚。明治三十一年～昭和五年。久保田家養子となり四十一年間在職。その長男、久保田宵二（嘉雄）は童謡詩人として著名。布瀬小学校跡地に顕彰碑が昭和六十二年に建てられている。

第二十世　藤井宗昌和尚、昭和五年～昭和十年。

第二十一世　香山方嶽和尚、昭和十年～昭和五十年。

第二十二世　元廣祖英和尚、昭和五十年～平成八年。

第二十三世　元廣紀厚和尚、平成八年～平成二十五年。

第二十四世　有田正矩和尚、平成二十五年～現在。

五輪塔

五輪塔は平安期の中頃、供養塔、墓標、舎利塔（仏骨）として建てられたものである。下から、地（方形）、水（球）、火（三角）、風（半球）、空（宝珠）、を表す五つの石を重ね、塔となして供養した。現在、墓石といえば四角柱であるが、江戸時代以前の墓石は五輪塔であった。布瀬地内の畑のほとりや草むらの中に多く残っており、これを一か所に集め供養したいと考えた。昭和四十三年（一九六八）四月、陰地地内第

二次道路工事のとき大通寺境内続きの地を整地し、七月末までに布瀬地内から約百個を収集し安置した。施餓鬼行事に合わせて、入魂式が昭和四十三年八月十七日に行われた。

⑭阿弥陀風呂荒神社

布瀬の一番奥の差羽《さすわ》にある阿弥陀風呂荒神社。社殿は高さ一メートル程度の小さいものだが、祀られているところは少し平らになり、周辺の樹木からの木漏れ日がまことに神々しい。パワースポットというべき場所である。

また、そばにお大師様が祀ってある。このお大師様は、耳の病に効能がある。この素朴な石像の耳に指を当て、その指を自分の耳に当てる。これを三回繰り返す。そのあとで手を合わす。治ると、窪みがある石を探して供える。写真で黒く見えるのは供えた石。

村境争い

手荘村七地と富家村布瀬の村境はなかなか確定しなかった。写真は、明治三十二年（一八九九）九月十五日付けで交わされた文書。嘉永三年（一八五〇）に確定したが、まだ収まっていない。写真部分の左には、お御舎利淵から下布瀬の村境までを表した地図がつけられている。現在ではどこかわからない地名が多い。

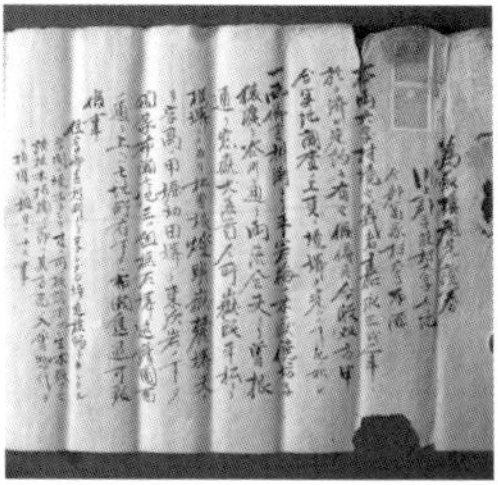

⑮磐窟渓

布瀬の磐窟渓谷は、昭和六年（一九三一）、文部省から名勝の指定を受けている。石灰岩の絶壁、大小の淵、甌穴などがあって、渓谷美に優れ、秋の紅葉が美しい。かつては、絶壁や淵に固有名詞がついていたが、現在では、お舎利淵以外は名称で区別できない。図は、昭和四十年に描かれた鳥瞰図。

もともと布瀬の一番奥というのは、お舎利淵であった。その昔、干ばつが続いたとき、高僧が仏舎利を投じて降雨を祈ったという言い伝えからこの名がついた。三方が絶壁に囲まれているから、道路上からは見えない。

大正四年（一九一五）の秋、布瀬総出でお舎利淵の右側絶壁を開削し道から崖づたいに藍ガメ淵の上まで人の通れるだけの道をつくった。これに呼応し、上流の高山の円丸集落から総出で難所を整備した。これによって渓谷づたいに布瀬と高山が通じた。

人が通る道としては、長い間この状態が続いた。この道を通り、高山の弥高山まで、布瀬小学校の遠足が行われたこともある。

昭和四十一年（一九六六）の春、高山へ通じる道路が、林業構造改善事業として計画された。その後、「公共二号線」道に切り替えて、高山までの貫通道路工事が始まった。昭和四十一年十一月着工、四十四年三月竣工。事業費六千万円であった。

写真は、幹線林道磐窟線完成記念碑。磐窟渓の入り口、弘法橋のそばにある。

林道磐窟線が完成し、高山へ自動車で行けるようになった。写真は差羽橋（布瀬村と高山村の境）、昭和四十五年三月竣工。

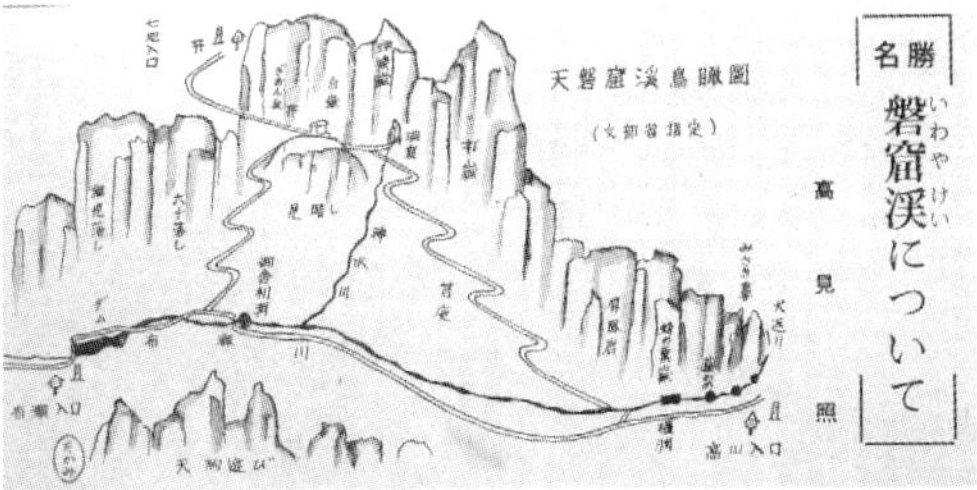

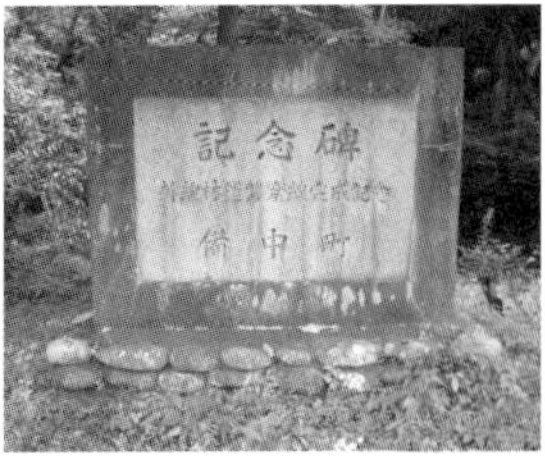

⑯磐窟渓鍾乳洞

布瀬の磐窟渓谷にある鍾乳洞がある。道路から一〇〇メートルほど上ったところにある。写真の案内標識を左側から見ると、矢印は、坂道を登れ、となっている。かつては多くの観光客があった。現在、登山道の管理はなされず、登ることができない。弥高山、磐窟渓、新成羽川ダム、という備中町観光コースの構想があった。

　洞窟の入り口から少し入った所は、広場があり、石仏や祭壇があった。照明器具がないと入れないが、洞窟はその奥まで一〇〇メートルほど続いていた。この洞窟からは渇水期でも途切れない水流があり、真下に流れ降りて、御舎利淵の上流で布瀬川に合流している。

　昭和四十一年（一九六六）の春、川上町の人の手によって、洞窟の一番奥を塞いでいた石塊をとり除くと、三百メートル以上も、洞窟内をさらに進むことができた。ツララのような鍾乳石が密生していて、ダイヤモンドケイブと名付けられた。大評判となり多くの観光客が押しかけ案内板、道標、トイレなどが設置された。布瀬側からは登り道、川上町側からは下り道、どちらからも洞窟へ行けるように設備された。残念ながら、令和二年の現在、洞窟は閉鎖されている。

志藤用瀬

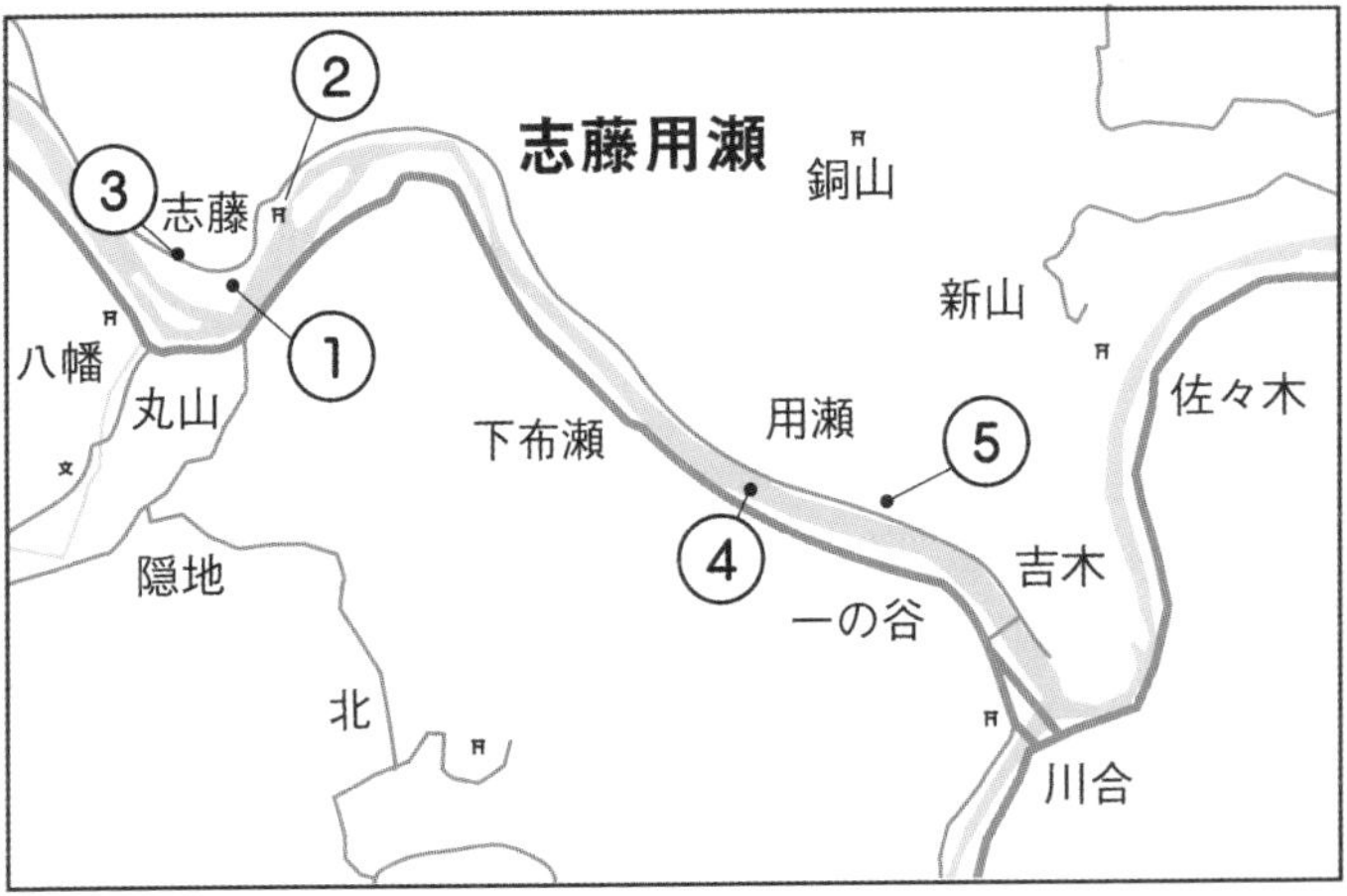

①志藤橋　②川中神社　③荒神社　④用瀬橋　⑤供養石仏

4　志藤用瀬

志藤と用瀬は、大字志藤用瀬という一つの地域である。

『備中府誌』によると、承久の乱における宇治川鋤鋒の勧賞として、備中に加増地を拝領した佐々木信綱が鵜ノ森山（別名高盛山・成羽町佐々木）の山嶺に高ノ盛城を築城、村名も同氏に由来するという。成羽町佐々木、川上町吉木、備中町志藤用瀬が村域である。

明治二十二年（一八八九）町村制施行の時、志藤用瀬は富家村に編入された。

写真は、町村制施行前の岡山県下備中国川上郡佐々木村地図。

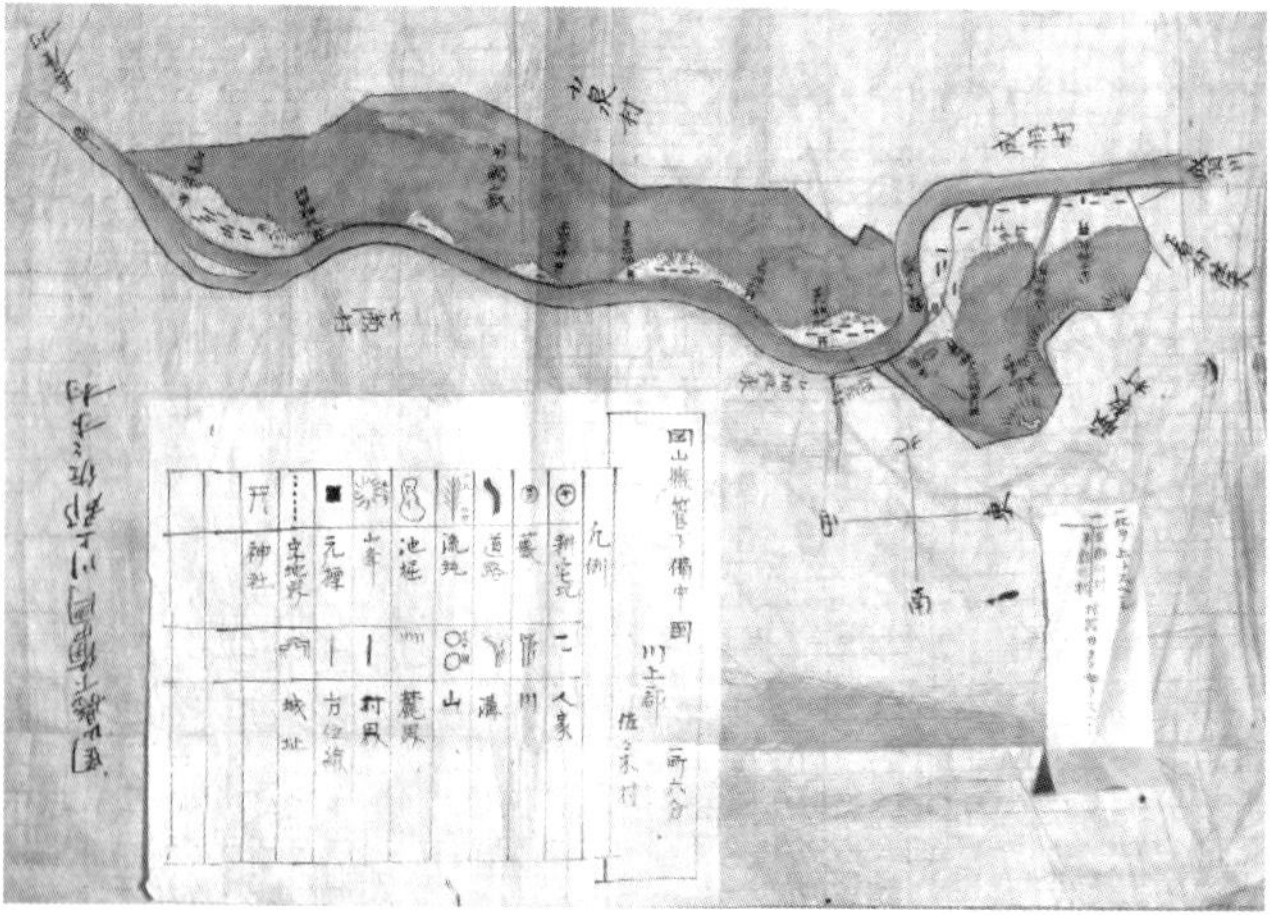

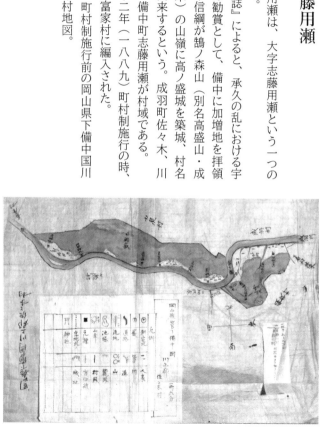

①志藤橋

布瀬から志藤へ渡るには橋がなかったので、渡し船を利用していた。昭和三十年代には、両岸を結んで太い針金を張り、船の上に立ち、その針金を手繰って渡していた。小学生は下校のとき、布瀬橋付近から大声で叫び、渡船担当の大人を呼んだ。

昭和四十年代の初め、つり橋が架けられたが、昭和四十七年（一九七二）七月の豪雨で流失した。現在のコンクリート橋は、昭和四十九年十二月末に完成した。

②川中神社

志籐の神社は八幡神社ではなく川中神社。川の岸近くにある大きな石（高さ五メートル程度、上が平ら）の上に本殿が立てられている。大水のときは、周辺を水が流れる。まさに、川の中にある。

社殿には多くの絵馬が奉納されていたが、昭和四十七年（一九七二）の水害で毀損、流失した。写真は唯一残ったもの。額の四辺に、奉寄進、明

治十五年（一八八二）壬午十二月日、氏子中とある。

山伏姿の五人の武士が中央の武士と戦っている、左上には妖怪が描かれている。寄進当時は誰もが知っていた題材だろうが、よく分からない。五人の山伏姿と言えば、酒呑童子を源頼光が退治した話がある。

川中神社の注連柱、大正三年（一九一四）十一月十五日建立。敬神、愛国。両側の柱に合計八人の名前が記されている。そのうち、本願主芳賀利市は、表（屋号）の人。

村会議員を務め、亡くなったときは村葬が営まれたという実力者。もともとこの神社は表だけ祀っていたが、集落全体で祀るようになったと言われている。戸数の少ない集落だが、「志藤信心」といわれるくらい信心深く祀っている。現在でも、一年に五回祭典行事が行われている。正徳三年（一七一三）に再建したという棟札が残っている。

③荒神社

志籐荒神社のそばに、多数の五輪石や素朴な石仏を集めてある。ここの上方の土地に戸別の墓地が多くあり、そこにもいくつかの五輪石がある。

このあたりは寺屋敷であったと言われ、荒神社の上の畑に寺河内という地名がある。また、上河内、堂川内という屋号の家がある。

志籐荒神社にある霊神御崎碑。中央上の端に阿字があり、

明和二乙酉歳（一七六五）、奉勧請霊神御崎、四月四日施主村中

と刻まれている。これは明治二十四年（一八九一）、明治二十五年（一八九二）の大洪水で流れてきたと言われている。これを拝むと胸の病気が治るという、ミサキ信仰がある。

④用瀬橋

用瀬は県道の川の向こうにある。川を渡る方法は、昭和三十年代までは渡し船。その後索道ができた。索道は、ロープーウェーに似たもの。対岸まで水平にワイヤを張り、それに吊り下げた箱に人や貨物を乗せた。岸には、足踏み式の回転装置があってワイヤーが箱を引っ張った。

その後、吊り橋となったが、昭和四十七年（一九七二）豪雨で流れ、再建された。それもまた、平成三十年（二〇一八）七月豪雨で流された。写真は平成三十年三月撮影。令和二年五月現在、再建工事中。

⑤供養石仏

用瀬の田んぼの端、川岸に安置されている石仏、学道玄尚首座。文化四己七月十六日。言い伝えによると、ここに僧侶の遺体が流れ着いたので、地元の人によって葬られ、川岸に墓が建てられた。後にみえるのは代官を勤めていた家で、船渡しに関係していた。なお、文化四年（一八〇七）は丁、文化六年が己。

黒鳥

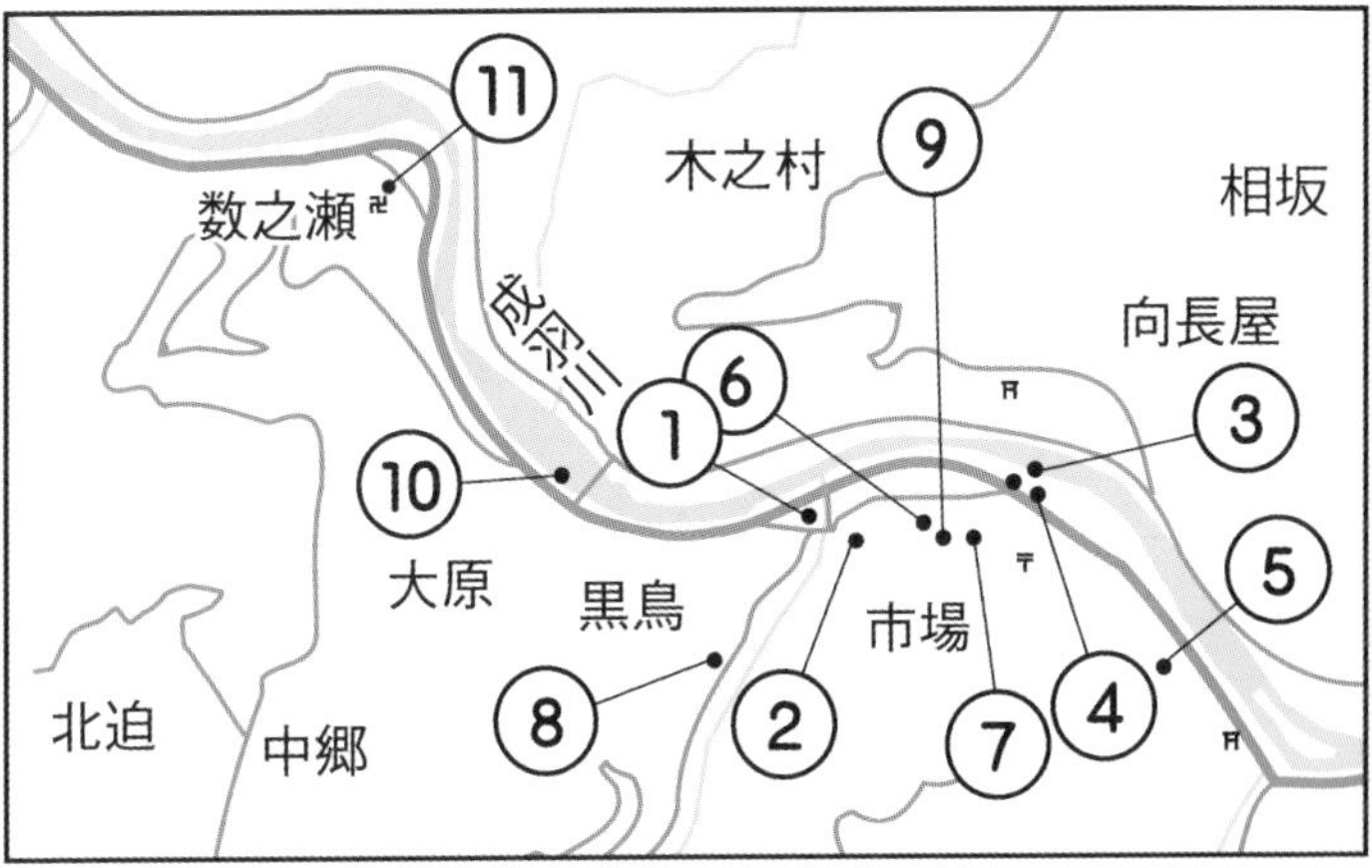

①黒鳥陣屋　②宮本隆作品展示　③長屋橋
④岡山県工事碑　⑤前瀬山　⑥赤木酒造　⑦富家小学校
⑧奥の谷　⑨びほく農協　⑩小田武雄頌徳碑　⑪光伝寺

5　黒鳥

①黒鳥陣屋

布賀の陣屋は、江戸時代の終わり、嘉永六年（一八五三）年に黒鳥へ移転した。時勢が進むにつれて、成羽川に沿った川運が発展し、水害の心配のない丘陵地帯にあった道路は、次第に谷川に沿った低い所へと移ったのである。滝川惣太夫という人の議に従って黒鳥へ移転することになった。布賀の陣屋は、元禄時代から約百六十年間続いた。

黒鳥の陣屋は、敷地は東西各々四十間、現在の鶴見氏の屋敷である。弘化年間から嘉永にかけて六か年、工事が行われた。石垣の石は、布賀の旧平川邸の上の山、野田坪から運んだ。大手門（正面の黒門）と屋敷後方にある稲荷神社は、当時のままに残っている。

長屋門が現存する。写真は入母屋造りの屋根の妻側。鬼瓦に水谷の家紋左三つ巴がある。妻飾りにヒレ付の蕪懸魚を吊り、菱格子をはめ込んである。

代官鶴見家はもちろん、警備の士も移住、巡閲使、庄屋の旅宿も設けられた。小規模ながら城下町となった。人家も多くなり、遂に地方物資の一大集散地となり、政治上のみ

ならず、交通、経済の中心地、市場として繁昌した。今でも長屋市場という地名が残っている。明治維新に藩籍を奉還し、陣屋は二十年足らずで廃止された。

明治三十年代になって東城往来（今の県道）ができた。明治四十一年（一九〇八）に郵便局が開設、大正十二年（一九二三）役場が布賀（明治二十二年より約三十五年間）から移転した。

水運と併行して、人力車や荷車が発達した。さらに、これらに代わった近代的なトラックやバス等の交通が頻繁になり、各種の店舗がつぎつぎにできた。黒鳥は飛躍的に発展し、川上郡西北部の中心地となった。

明治の前までは、布瀬は成羽の山崎領、布賀は水谷領（黒鳥陣屋）であった。写真は布瀬と黒鳥の間にある赤木長栄堂の前から、黒鳥方面を望んだもの。長栄堂は布瀬一番地にある。道路を向こうへ進むと、平らなところは長屋村、山の部分は布賀村。写真に見える左手の植林を越えた所にある家は布賀一番地にある。更に進むと、左手は、長屋一番地である。

陣屋の抜け穴

昭和三十年代後半には交通量が多くなって、黒鳥地内を通る道路は狭くなった。そこで、堤防の上を通るように工事が進められた。このとき、江戸時代に代官屋敷（陣屋）だった鶴見医院の屋敷裏から抜け穴が見つかった。

奥谷川に面した位置にある。昭和三十七年二月七日の山陽新聞の記事で紹介された。古老によると、もう一か所あるという。抜け穴は敷地内の井戸に通じていた。発見された当初は、子どもたちはくぐり抜けて遊んだ。

黒鳥陣屋の敷地は現在鶴見氏の居宅である。かつて、鶴見医院で、眼科の専門医として知られていた。

②宮本隆作品展示

宮本隆（一九一七～二〇一四）は、用瀬出身の彫刻家。東京美術学校（現東京芸術大学）彫刻科を卒業。日本美術展覧会などで活躍。昭和二十八年（一九五三）～昭和四十年（一九六五）、岡山大学教育学部で教鞭をとる。岡山彫刻会を設立、県文化賞、山陽新聞賞など受賞した。

写真提供：宮本　工 氏

主な作品に、「母の像」（東京・靖国神社）、「日蓮上人説法像」（岡山市・最上稲荷）、「山田方谷像」（高梁市郷土資料館）、「良寛像」（倉敷市・円通寺）、「久保田宵二童謡歌碑」（布瀬小学校跡）。

平成二十七年四月、作品十四点が遺族を通じて市に寄贈された。備中地域局二階ロビーに展示されている。

町内に次の作品がある。

1　備中地域局

「静心」（昭和四十六年）、「蒼」（昭和四十五年）、「追想」（昭和五十二年）、「醒」（昭和五十三年）、「壮年の良寛」（制作年不明）、「陽だまり」（平成六年）、「山百合」（昭和五十七年）、「陽光」（昭和五十七年）、「初歩き」（昭和二十二年）、「なまず」（制作年不明）、「ねこ」（昭和四十九年）、「鐘像」（昭和六十二年）

2　備中総合センター

「女」（石膏像、昭和三十七年）、「青年」（昭和四十八年・昭和二十八年日展入選作）、「緑風」

3　郷土資料館

「幻聴」（昭和四十二年）、「裸婦（手を上げた女）」（昭和五十四年）

4　富家小学校

「泳ぎの後」（一九五一年）

③長屋橋

集中豪雨による増水のため、木造の長屋橋は、昭和三十八年（一九六三）七月十一日流失した。流失を防ぐため重しとして、消防団の人がたくさんの土嚢や石を載せる作業をしていたのを思い出す。流失後、ただちに仮設橋が架けられた。復旧工事が進められ、現在の橋が完成した。

昭和四十年三月二十一日、古式にならって三代三夫婦が選ばれ、初渡りを行った。

長屋橋界隈

長屋橋と長屋―木の村間の道路開通について、町報の記録から振り返ってみる。

昭和八年（一九三三）四月九日、川上郡中央横断道路の開設について、四か町村長すなわち吹屋町長、宇治村長、中村長、富家村長が中村役場で会合し、吹屋、井原線道路改修組合を結成した。宇治地内から中村を通過し黒鳥に至り、成羽東城線に接続することを目的とした。実質的にはそれ以前既に十数年前から論議されていたものである。公認組合として認可を得、経費は共同で負担することにした。ついで、昭和九年八月、四か町村長連署で、時の県知事に対し県道編入を陳情した。

「中村は自動車道に恵まれない県下でも珍しい陸の孤島である、これを解消するとともに成羽川によって川上郡の南北の交通が遮断されているが、これを結ぶ数か所の小さな道路と渡舟場の中で、長屋線の利用は最高であり、葉タバコ、こんにゃく、薪炭、塩田瓦等幾多の物資輸送、人馬の往来が頗る頻繁であり、直接の利用戸数六〇〇戸を数え、この改修は地方産業経済の向上に頗る重要である。」と記録されている。

ついで昭和十年二月十六日、知事あて組合設立の許可申請を行なった。その理由は、路線は難工事、特に、富家地内は峻険で岩石多く巨額の工費を要する故、四か町村の共同支弁にて施行せざるを得ない。岡山県指令第三〇三〇号をもって組合設立を認可された。その後戦争も次第に激しくなり、工事は遅々として進まず、反面物資の輸送はかえって頻繁をきわめた。

昭和十六年（一九四一）二月、県知事に対し道路工事促進の請願を行い、強力に運動を続けた。昭和二十年までに、木の村接続点まで工事を終り、それを最後に富家地内の路線は全く休止状態となった。

それ以後、宇治中村はもっぱら既設道の整

備補修を行なっていた。

たまたま成羽総門橋架替工事の完了により、その仮橋の払下げを時の県知事に陳情した。昭和二十年一月二十日松井組が一八七五円で請負った。施工中同年九月十七日の大洪水に会い、一本も残さず流失した。

以後、終戦後の混乱と、組合責任者の交替等により一時休止していた。その後、昭和二十五年（一九五〇）全額国庫補助という制度により、同年十月、長屋橋（木造）が完成した。

昭和三十八年七月十一日木造の長屋橋は、集中豪雨による増水のため流失した。流失後、復旧工事が進められ現在の橋が完成し、昭和四十年三月二十一日に完成渡橋式を行った。

残された課題は、長屋、木の村間の道路開通ということになる。工事費見積の結果、延長約二、五〇〇メートル、工事費一、三〇〇万円で融資林道を決意した。道路組合発足以来半世紀近い歳月を経て、全路線の完通を見た。昭和四十六年二月二十一日、富家中学校講堂で林道長屋線開通祝賀式が行われた。

長屋橋

写真は、長屋の坂を上った所から見た黒鳥の街と木の村境。

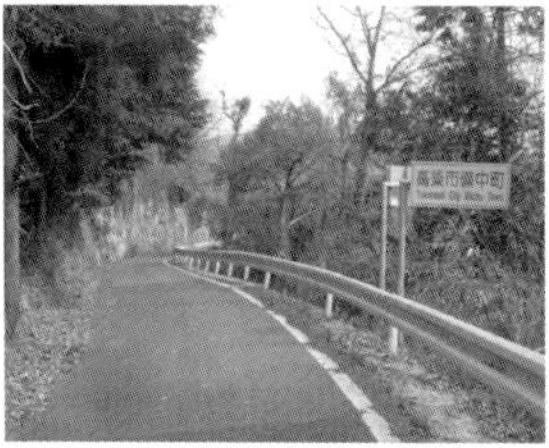

④岡山県工事碑

長屋橋のたもとに、黒色の岡山県工事碑がある。岡山県工事、明治二十年二月吉日建之。備中国川上郡長屋村、戸長平川広三郎、惣代人六人（出原清太郎、杉田林三九、得能鼎三、赤木夛一、赤木品太郎）、工事差配人二人、職工四人の名前が見える。

明治十六年、布賀、布瀬、長屋の各戸長役場が廃止され、長屋市場一か所に改められた直後である。得能鼎三は後に戸長を務めた。

明治二十年は成羽—東城往来の工事中だった（完成明治三十二年）。この道路は幹線道路で、当時の名称では「主要里道」。このような主要里道は、岡山県歳出費で工事を行った。この付近の堤防工事が完成したことの記念だと言われている。

成羽川古道

もともと成羽川は、現在の役場あたりから

南西の山裾に入り、富家小学校の裏を通って、森林組合の建物あたりから戻っていたと思われる。山際には古川床という地名が残っている。現在、役場のあたりは大字布賀、少し下手に行くと大字長屋である。全体的に、平らなところは長屋、山際から上は布賀である。布賀村が大字布賀、長屋村が大字長屋となっているので、その境界に川が流れていたものと思われる。現在でも、市場の神社が川向こう（向こう

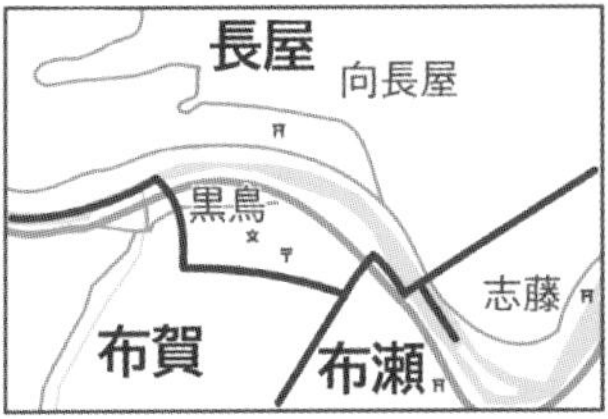

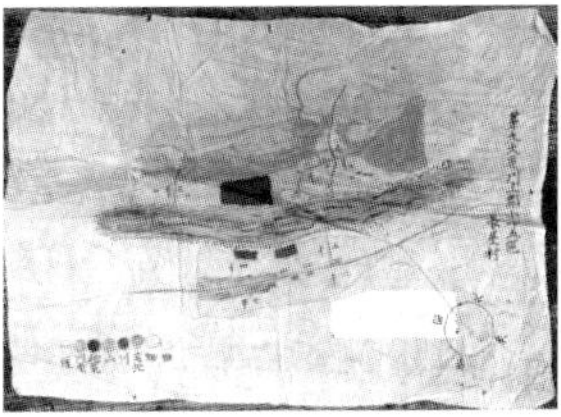

長屋）にあり、役場あたりの家の神社は、上布賀にある。

明治初期、町村制度の前、長屋村は川上郡小第十五区に含まれていた。当時の長屋村の地図では、川の流れは現在と同じである。

富家小学校あたりの名称は、字古川床となっている。

⑤前瀬山

江戸時代には農業が中心だが、これを維持するためには、草刈りや放牧をする山地が必要である。黒鳥の成羽川右岸の裏山は、川側から見て中央が布賀村前瀬山、左が布瀬村前瀬山で、長屋村との入会地となっていた。

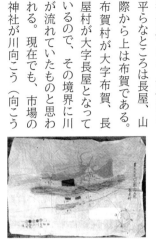

この土地は、布瀬村、布賀村、長屋村の境界であるので一六〇〇年代からとかく紛争があった。天保年間の長屋村と布賀村黒鳥との入会紛争の記録が残っている。明治になってからは地租の関係から所有権問題に発展した。最終的な解決は大正年間である。

成羽川のうち布瀬と黒鳥の間は、幅二〇〇メートル、長さ五〇〇メートルほど広がって、あたかも湖水のように静かな水面である。ここは通称マアゼといい、釣りや水遊びに適している。

⑥赤木酒造

黒鳥にある赤木酒造は、備中町内唯一の酒造業者である。名酒「曲水」を販売している。

備中町内の酒造家は、幕末には四～五軒あったが、明治に入って生産石高の制限撤廃と新鑑札取得が容易になったことにより、酒造家が増加した。長屋の得能や布瀬の高見（屋号・中甲屋）も酒造を行った。しかし、次々と廃業し、明治の末には、西山の赤木氏、平川の平川氏、長屋の赤木氏の三軒だけになった。大正十二年（一九二三）に西山の赤木氏が廃業。昭和十年代に平川の平川氏が廃業した。現在では赤木酒造だけが残っている。

赤木酒造は、文政六年（一八二三）に日里村の酒造株を借り受けて開業したという。清

酒、焼酎だけでなく、煙草、種油、問屋、川船運送など、営業は拡大して、明治二十年代は多角経営をしていた。一時縮小したが、大正四年（一九一五）赤木四平が引き継いだ。大正年間に醤油業は廃業して、現在に至る。写真は銘柄「蘭亭曲水」の樽酒。日里村は、川上町の明治、黒忠の周辺。

⑦富家小学校

昭和五十二年（一九七七）四月一日、布瀬、布賀、長谷小学校を統合して富家小学校ができた。校舎は布瀬小学校を使った。昭和六十二年（一九八七）四月、田原小学校も統合した。昭和六十三年四月、黒鳥の富家中学校跡地に、富家小学校の校舎を新築した（写真）。富家中学校は、昭和六十二年三月に閉校し、四月から田原の備中中学校へ統合していた。

その後、平成二十五年（二〇一三）に平川小学校と湯野小学校も統合した。

町内唯一の交通信号

長屋橋のたもとに、町内唯一の交通信号がある。押しボタン点滅式。昭和五十七年九月に設置された。当初、黒鳥幼稚園の園児による使い方の練習も行われた。交通信号を見たことがない、という事情もあって設置が望まれていた。大人も正しく守って、子どもたちのお手本となることが期待された。

長屋村

明治の初め、長屋村は、川上郡小第十五区に属した。地番が入った地図が残っている（写真）。上が北である。長屋一番地が右端に見え、左に行くにしたがって番号が大きくなる。現在、長屋六番地には備中診療所があり、長屋二十八番地には農協がある。南の太い線は水路。その南は布賀村である。

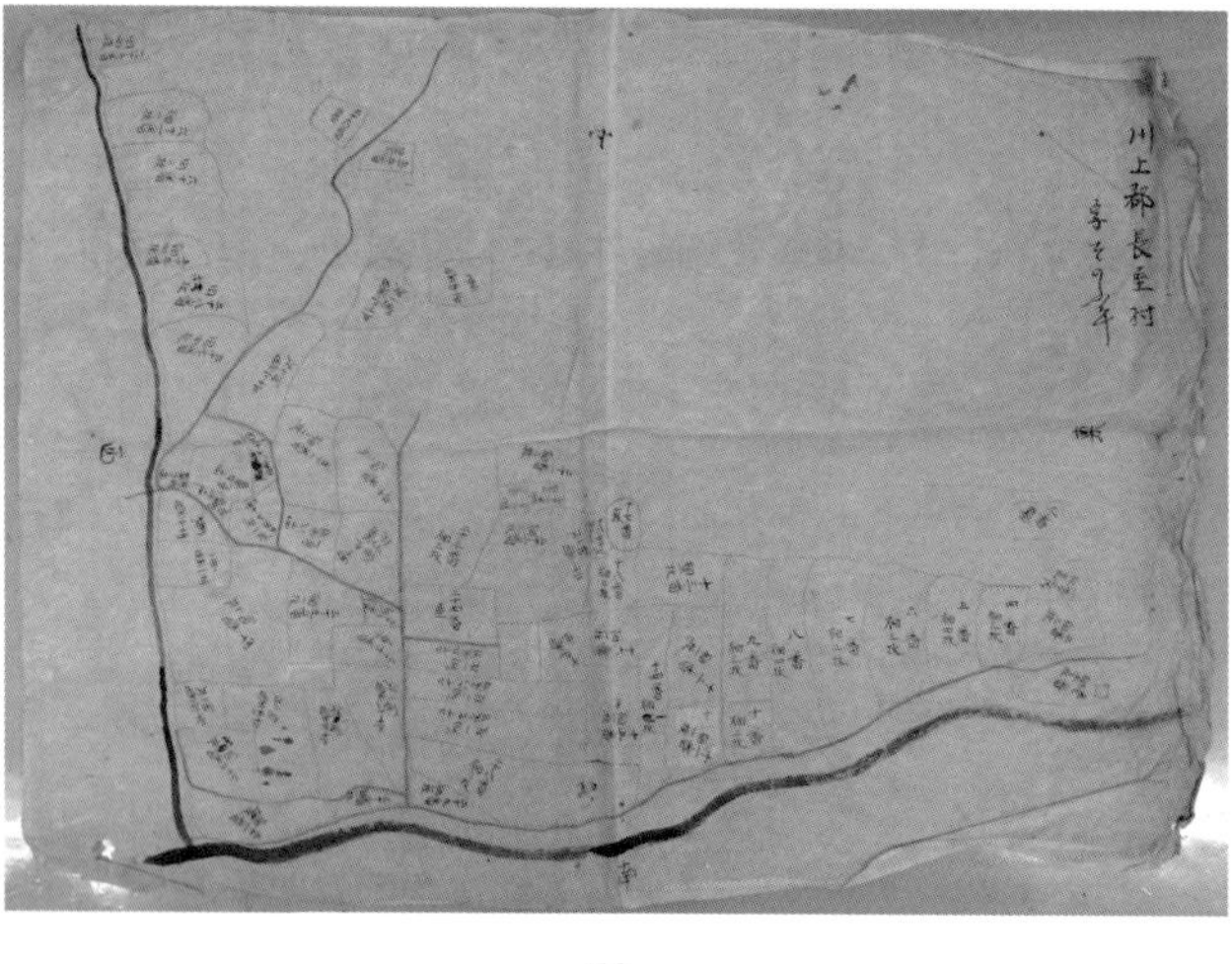

⑧奥の谷（おくんたに）

かつて、黒鳥から上布賀へ行くには、奥の谷道、栗が下道、小田原道の三つがあった。その中では、奥の谷道が主要道であった。

時代が進み、まず、小田原から上がる自動車道が開設された。昭和三十三年には備北バスの定期路線が開設された。奥の谷道が車道となったのは、昭和五十年代の後半。写真は、山の中腹にある奥の谷橋。

⑨びほく農協

備中町が発足した昭和三十一年当時、町内には、富家、平川、湯野、西山の四つの農協があった。昭和三十七年七月一日、湯野と西山が合併し、湯野農協となった。昭和三十九年七月一日、富家と平川が合併し、備中町農協となった。このとき湯野農協は参加していない。

農業経営の経費や資材の高騰、貸付金の増加など農業を取り巻く環境の変化に対応したとのこと。黒鳥に本所、平川に支所を設置。新組合長は、前原忠三郎氏。

昭和四十年（一九六五）一月二十二日、午前五時頃、備中町農協の穀物加工場のモーターの加熱により出火、加工場と農協本館を焼失した。この火災で、隣接する富家中学校生徒用便所が全焼、渡り廊下の一部を焼失した。穀物加工場では精米と製粉を行っていた。

現在の鉄筋コンクリートの建物は、その一年後に建てられたもの。昭和四十一年一月五日、本館竣工、事務所移転式を行った。

　平成六年（一九九四）四月一日、高梁市農協と巨瀬農協、有漢町農協、高梁農協が合併し、びほく農協として発足。平成十年（一九九八）四月一日びほく農協と成羽町農協、川上町農協、備中町農協が合併。平成十四年七月一日、湯野農協が合併。略称はJAびほく。

　写真は、現在のびほく農協備中主幹支店である。

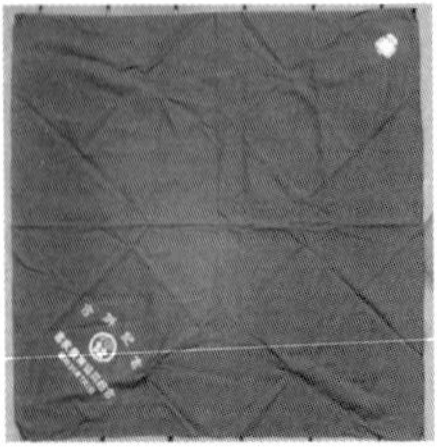
備中町農協合併記念風呂敷

⑩小田武雄頌徳碑

　小田武雄は、明治四十一年（一九〇八）一月西山の生まれ。早稲田大学を卒業後、兵庫県、厚生省に勤務の後帰郷。昭和三十一年の合併により誕生した備中町の初代町長に選ばれた。その後五期二十年間の長きに亘り、町勢発展に尽くした。

　備中町建設基本計画のもと、教育施設の整備、農林業の生産基盤整備やブルドーザーを導入しての道路網の整備を積極的に行った。また、新成羽川ダム、新岡山変電所建設など数々の大事業を完成させた。

大きな足跡を残され、昭和五十一年（一九七六）十一月退職された。その後、平成元年（一九八九）六月逝去され八十四年の生涯を終えられた。

　平成元年七月、永年にわたる地方自治功労が認められ、正六位勲五等双光旭日章授章の栄に浴された。

　故小田氏の功績を後世に伝えるため、平成五年十月、小田武雄氏頌徳碑建設委員会が結成され、多くの方々の賛同を得て、里島ダム湖畔に頌徳碑が完成した。

　平成六年十二月十一日、来賓、関係者百二十人が出席し、除幕式が挙行された。書は岡山県知事長野士郎による。

光伝寺

数の瀬の白嶺山光伝寺は浄土真宗の名刹。元徳二年（一三三九）の創建とされる。

　第十四世住職大塚龍玄法師は、幕末西本願寺にあって、十八年間、執行長（現在の宗務総長）の要職にあった。本願寺復興に尽くした。本堂はこの本山勤務中に建築された。三間三間・入母屋・桟瓦葺、正面中央に向拝をつけた建造物。すべて欅造り。外陣内陣ともに格天井に作られていて、格子の中に彩色の花鳥草木が多数描か

れている。絵師は、岡山藩池田公お抱えの岡本修輔（号は常豊）。内陣の天井左手隅の一角に、「奉寄進御内陣鰲天井彩色絵吉田要蔵」と墨書銘がある（写真）。

光伝精舎の山額

本堂正面に掲げられている山額「光伝精舎」。第二十世門主廣如上人の御真筆。住職龍玄法師は本願寺に勤務して、本願寺再興に尽くした。ときの門主が龍玄法師に与えたということで、いかに信頼していたかわかる。

石灯籠

光伝寺階の左右にある石灯籠は、安政二年（一八三五）の建立。本願寺に勤務した第十四世住職龍玄は、五男三女の子宝に恵まれ、皆、仏門に仕えた。この石灯籠に寄進者として多くの寺院の名が刻まれているが、それは、子どもたちの寺院である。つまり、兄弟姉妹が協力して寄進したのである。

光明品

光伝寺には光明品《こうみょうぼん》が伝わっている。阿弥陀如来像、法名などが描かれたもの。いわば本尊である。浄土真宗の布教活動にも使われた。暦応年間（一三四〇年頃）、存覚上人が光伝寺に逗留したとき描いたもの。

約四七〇年後、住職七世清玄のとき江戸幕府が知ることとなり、修理のため江戸に送られた。

これに関連して幕府から東照宮位牌が下付された。享保十八年（一七二七）頃。増上寺法主の直筆になる原本を位牌に写した。「安国殿、一品徳蓮社崇誉道和大居士、神儀、増上寺第四十一世大僧正道譽頓秀拝書」とある。徳川家康の廟は増上寺にあり、家康を祀る廟は一般に安国殿と称された。

東照宮位牌を受け、三葉葵の紋を許可されたと言われる。そのような格式の高いお寺であ

る。お殿様も光伝寺の前を通るときは、お駕籠から降りて歩いたという。写真は東照宮御位牌所の碑。

布賀

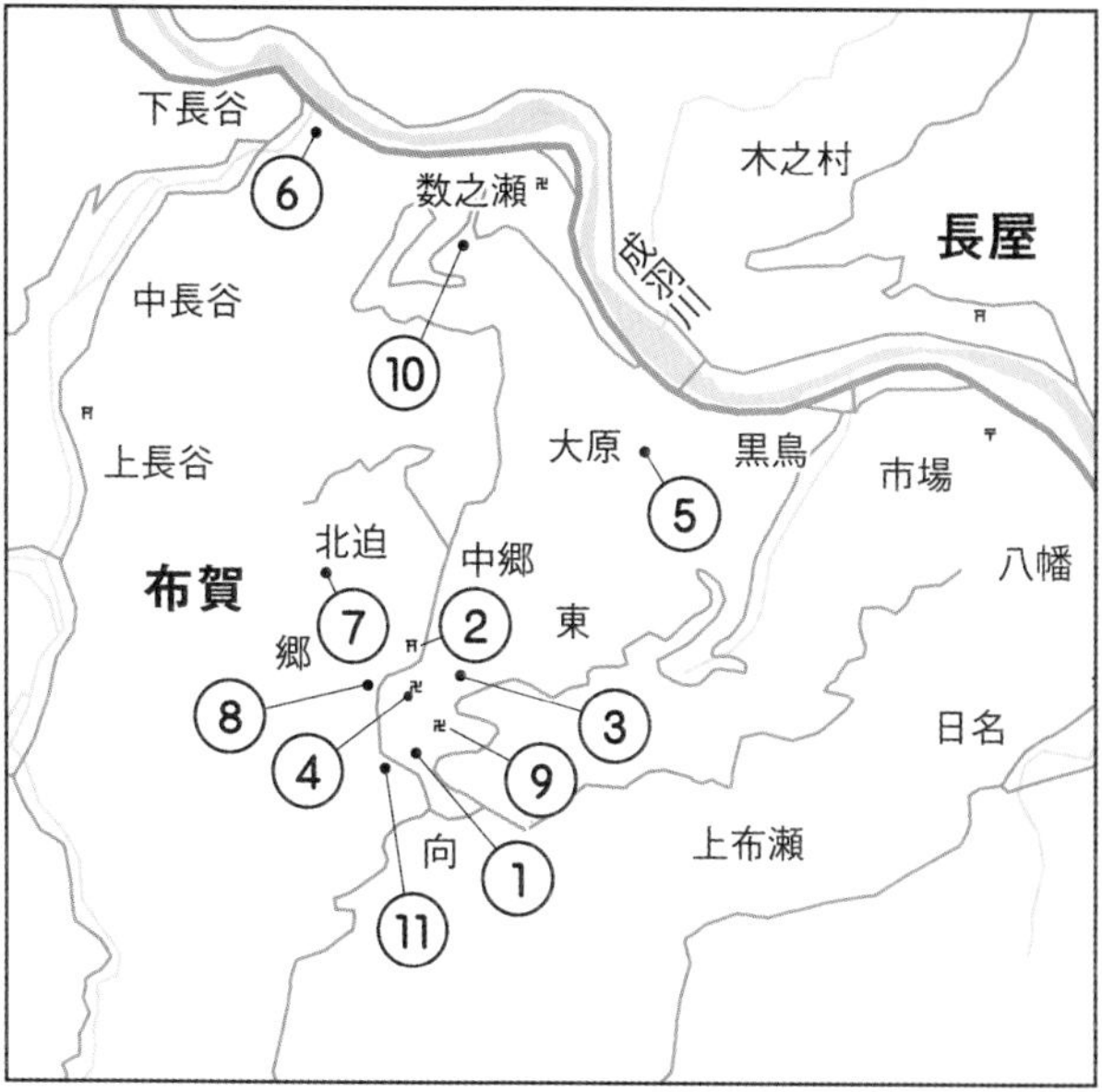

①陣屋、布賀小学校、孝子碑、布賀はくうん荘
②亀石八幡神社　③石造方柱碑　④長建寺
⑤しょろしょろ権現　⑥菖蒲城　⑦塔様
⑧布賀庄屋　⑨浄心寺　⑩布賀の鉱物　⑪常夜灯

6 布賀

布賀村

布賀村は、成羽川右岸に位置し、東は布瀬村、西は平川村、南は高山村（現川上町）。

平川村の平川氏は、建武三年（一三三六）に近江国から備中国川上郡穴門郷の領家職に任ぜられて、来住し、平川を村名として「紫城」を築き一帯の領主となった。

一統の伊豆守忠親は、長享二年（一四八八）分家して布賀村に「菖蒲城」を築城し城主となり、一帯に勢力を有した。

忠親の子経貞は、永正十一年（一五一四）近江から八幡宮勧請し、社殿を造営して八幡大菩薩として尊信した。やがて村の氏神となり、「亀石八幡神社」として村の人々と祭るところとなった。

経貞は菩提寺として、永正十五（一五一八）、長建寺建立し、永正十八年には願主となって懸仏の阿弥陀三尊を奉納した。

本家と共に戦国時代には尼子、後に毛利家

に仕えたが、関ヶ原の乱の後は帰農した。布賀村の庄屋を代々勤め、明治に至る。大正十四年（一九二五）文之介の時、山上の布賀を去りふもとの黒鳥に転居した。

①陣屋

元禄六年（一六九三）、水谷氏の先祖の功績を評価し、松山藩主水谷勝美の弟勝時を旗本に取立てた。川上郡内に三千石を与えられ、布賀に陣屋を構え、領地とした。後に五〇〇石加増され、明治に至る。陣屋は、東西五十間南北三十間の広さがあった。嘉永元年（一八四八）にふもとの黒鳥に移転した。

文久三年（一八六三）、水谷主水勝得が、布賀の知行所へ来た、歴代領主のうちで最初で最後である。奥の谷道を駕籠で上がった。途中休憩したところを杖立て場と言っていた

が、現在ではどこの場所かは分からない。それから五年後に明治となり徳川三百年が終わった。

水谷氏の領地は、布賀村、七地村、下切村、黒萩村、長地村、相坂村、高山市村、七地村地頭の一部（八十石《こく》）、長屋村、上鴫村、池谷村、で石高は合計三五三〇石。

陣屋跡地には、布賀小学校が立てられたが、学校統合され廃校。現在は、コミュニティハウス「はくうん荘」がある。その敷地に布賀知行所跡地の碑が建立され、説明文が刻まれている。

②亀石八幡神社

布賀神社・布賀八幡宮とも称される。布賀八幡宮由来記（布賀神社文書）によると、永正十一年（一五一四）に菖蒲城主平川経貞が社殿を造営、八幡大菩薩と号し、布賀村の氏神として尊崇された。

創建時の棟札も残り、「奉建立八幡宮棟上」「備中国河上郡穴斗之内布賀村　源朝臣忠親并願主源経貞」「龍集永正拾一稔甲戌菊月下瀚二日　敬白」「大工藤原左衛門次郎」とある。源忠親が大旦那となり、子経貞が願主となり、永正十一年九月二十二日に棟上げ式が行われた。

ほかに永禄六年（一五六三）・慶長十二年（一六〇七）・同一三年・明暦四年（一六五八）の棟札が残っている。元禄十一年（一六九八）亀石八幡宮と改称された。

亀石八幡神社には、多くの神社を合祀して

ある。祭殿の左側に合祀されている社の一覧表がある。合計三十社。名称もさまざまである。かつては各地域でていねいに祀られていたのだろうが、時代とともに祭祀ができなくなったのだろう。地名は、大字布賀の広い範囲に広がっている。黒鳥、数の瀬、前谷などは、ふもとの川沿いの地名であり、布賀村に属していた。

桜井駅の別れ

亀石八幡神社の絵馬は、楠正成と正行の桜井駅の別れの場面。政成はこれから湊川の戦いに赴き、生きては帰らぬから、と正行に後を託す。「太平記」に記述があり、戦前教育では有名な逸話であった。文部省唱歌「青葉茂れる桜井の」として歌われた。最初の名は「湊川」。作詞は落合直文。作曲者の奥山朝恭は、軍音楽取調掛を経て、岡山県立師範学校に勤務し、退職。市内で西洋料理店「浩養軒」を経営した。

後に、岡山後楽園内に移転。現在、園内に「湊川」の碑がある。

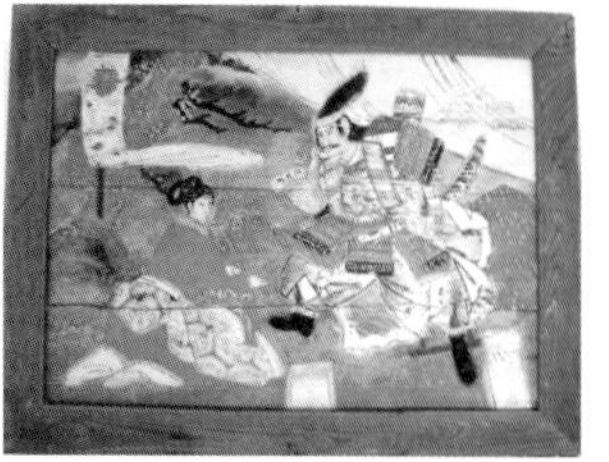

③石造方柱碑

布賀中郷の字堂の峠の薬師堂横に、至徳四年（一三八七）銘の石造方柱碑がある。県指定重要文化財。この地に産する大理石製、高さ六十六センチ、幅二十八センチ。塔身の四方に、梵字と大日如来の法身、報身、応身の真言が陰刻されている。正面に、至徳四年二月二十八日願主敬白、の銘がある。梵字は、報身の真言「ア・ビ・ラ・ウン・ケン」が刻まれている。

至徳の年号は南北朝時代の北朝方が用いたもの。当時、この地方は北朝方の豪族の支配下にあり、平川氏の勢力圏内にあったと推定されている。

なお、至徳四年の四は、四ではなく左右に二を二つ並べて書いてある。四は死に通じるとして忌みたものと思われる。

この碑は、備中町史編纂に伴う民族調査が行われた際、昭和四十年（一九六五）三月、布賀に珍しい石碑があることから調査が始まったものである。三月に岡山大学の藤井、水野両教授、四月に谷口、藤沢両教授の鑑定を受け、五月に県文化財専門委員巌津清政右エ門、県遺跡保護調査委員市川俊介両氏の調査を得て、六月に県教委に岡山県重要文化財指定を申請した。

④長建寺

菖蒲城主平川経貞は菩提寺として、永正十五年（一五一八）、長建寺を建立し、僧祖潭が開山したと言われている。永正十八年

（一五二一）には願主となって懸仏の阿弥陀三尊を奉納した。長建寺は、曹洞宗善福寺の末寺である。

本尊「木造聖観音菩薩立像」は県重要文化財である。この像は三十三年目でなければ開帳されない秘仏とされている。記録によると、天明八年（一七八八）、文政三年（一八二〇）、嘉永五年（一八五二）、明治十七年（一八八四）、大正七年（一九一八）、昭和八年（一九三三）、昭和四十二年（一九六七）、平成七年（一九九五）年に開帳のみされている。

この仏像は高さ一六五センチメートル、幅三七センチメートルの一木造で平安時代の作品と言われている。平成七年（一九九五）に公開されたときに県教委が調査した。高梁川上流域にある中世以前の貴重な仏像とされ、県重要文化財に指定された。

創建五〇〇年を前に岡山県教育委員会などから補助を受け、二〇一四～一五年に保存修理を行った。

本来の公開は二〇二八年であるが、創建五〇〇年を前に二〇一七年十月一日～三日に公開された。次回の公開は三十三年後の二〇五〇年である。

長建寺に懸仏がある。懸仏は、

銅などの円板上に神像・仏像の半肉彫りの鋳像をつけたり線刻したりして、内陣にかけて拝んだもの。神仏習合の信仰より生まれ、鎌倉・室町時代にかけて盛行。（広辞苑）

布賀の長建寺のものは、墨書銘によると、菖蒲城主平川長門守経貞が永正十八年（一五二一）六月吉日に奉納した。阿弥陀如来像、観音菩薩像、勢至菩薩像の三尊を一尊ずつ懸仏にしたものが残っている。

　長建寺の阿弥陀堂に安置してある延命地蔵。もともとは山頂にあった神社の堂内にあったという。大理石製。永享十年（一四三八）戊十二月七日、願主同春禅尼と刻んである。

①布賀小学校

　布賀小学校は、明治六年（一八七三）、長建寺を借りて平章小学校として発足した。明治九年、的場に新築移転。明治三十六年、陣屋跡に新築移転。さらに大正十三年（一九二四）改築した。改築のときの棟札が残っている。村長泉卯助、校長西村平重郎。八幡神社の木を伐って柱にしたという。その切り株を輪切りにし、さらに半分にした。そこへ文字を刻み金色に装飾した。一方は、「不息」公爵近衛文麿とある。かつては、校舎の玄関に

掲げられていたが、現在は、「はくうん荘」の玄関の部屋に掲げられている。他方は、八幡神社本殿に掲げられている。「神威穆如」従一位源道久敬書とある。

①孝子碑

孝子与兵衛は、数の瀬光伝寺の檀家で「しょろしょろ」（屋号）の人。

天明八年（一七八八）、四代領主水谷兵庫勝政が幕府に上申して表彰され、「孝義録」に記載された。

孝義録は第十一代将軍徳川家斉のとき、松平定信が諸国における孝順、忠悌の良民の行状を徴し林信敬、柴野栗山等に編述させたもの。全

五十巻寛政十二年（一八〇〇）に完成。
孝義録に次のように記載されている。

孝行者　水谷兵庫知行所　川上郡冨賀村
百姓　　与兵衛　　四十七歳　　天明八
年　褒美

与兵衛没（文化三年・一八〇六）後、後世まで徳を讃えるために、村人が文化四年（一八〇七）頃、碑を建立した。撰書は、代官熊本氏の一族冬川豊である（一八二七年没）。大きさは、中央高さ一〇三センチメートル、幅四二センチメートルで安山岩が用いられている。布賀小学校跡地に現存する。かつて、布賀小学校があったころは、命日に与兵衛祭りが行われていた。碑文は次のとおり。

此与兵衛はよ此里の生れにて其性まめ人也もはやくより父におくれ母につかふまつれる事のいとせつなりとて此わけをしるよししのびける殿の登《さだめ》とる所に呼出れ、仰ごとを蒙り、かつげ物ありて　故《よし》を鳥が啼　吾妻の大城のもとに聞え上て、お丶けなくも孝義録てふ史《ふみ》に記されしと云えし

時に文化三年十月廿日、よはひ七十二にして終《つい》にみまかりけるよしなり

まめ心を世にのこさまくおもひ同じ里人熊本冬川平《たいら》の豊が誌《しるす》

①布賀はくうん荘

布賀小学校は昭和五十一年（一九七六）末で閉校となった。昭和五十三年、その跡地へコミュニティハウス「布賀はくうん荘」が建てられた。名称は、公募された。青空に白雲が映える建物となっている。

建物の入り口で、左右に見える柱は大理石である。もともとは、布賀小学校の玄関に使

われていたものを保存利用している。

また、小学校校舎の入口にあった大理石の踏み石は、はくうん荘の玄関を入ったところの床に上がるときの踏み石として保存利用している。

布賀道

かつては、布賀に上がるには徒歩道しかなかった。奥の谷（おくんたに）道、栗が下道、小田原（地名・おどうら）道の三路線があった。

小田原から自動車道路の工事が行われ開通した。その後、ついに定期バスも通ったのである。

自家用車が普及する前は、乗合バスが重要な移動の足であった。

布賀にバスが開通したのは昭和三十三年（一九五八）十一月十五日に布賀小学校講堂で開通式典が行われた。最盛期には布賀から川上町の高山までバスが走っていた。

写真は、昭和三十年代前半の備北バス営業

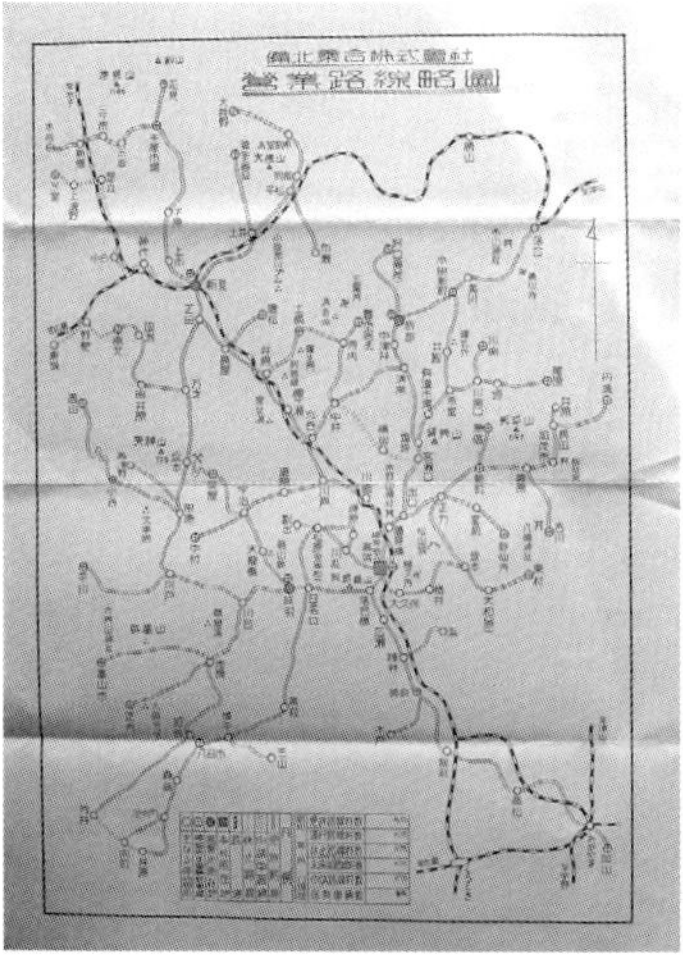

路線図。車両駐車場として、平川、小谷、西山がある。西油野に停留所があり、布賀には路線がない。

昭和の布賀の里

布賀地区に布賀の昔を調査研究会がある。写真は、平成二十六年三月に作成した「昭和の布賀の里」である。家については、全戸に屋号が記されている。田舎では家の呼称はほとんど屋号でなされる。名所、旧跡、寺院など詳しい。コミュニティハウスはくうん荘の壁面に掲げられている。

写真は、布賀の歴史を語るもの。明治三十六年、陣屋跡に布賀小学校校舎新築。昭和五十二年、最後の孝子祭など。

⑤しょろしょろ権現

布賀の東の端、成羽川を見下ろす位置にある。急な坂を少し下ったところ、大きな岩が隙間を作っている前に祀られている。特徴ある名称であるが、屋号「しょろしょろ」の家が一番近いことでこう呼ばれている。しょろしょろは所呂所呂とも書くが語源ははっきりしない。現在も近くの五戸で篤く祀られている。近くの摩利支天様も同じ五戸で祀られている。

⑥菖蒲城

布賀の菖蒲城は、長谷川が成羽川に合流する位置の南の山頂にある。城主は平川弾正忠正親といわれる。山頂に平地はなく、尾根が東西に延びていて、東の端は断崖絶壁になっている。かつて近くに屋号「菖蒲」という家があった。写真は、菖蒲城から井川方面を見下ろしたところ。上方は平川の小戸森。

⑦塔様

布賀の字焼松に、塔様と呼ばれる方柱碑がある。応永二□四月□とあり、室町初期の作と考えられている。もとは二メートル以上あったものが二つに折れている。当初は約一〇〇メートル北方の山頂、通称権現畦に建てられたが、白色大理石の宝珠が太陽光に輝き、眩しいとの苦情が平川方面から出て、現在の位置に移動して祀っているとの言い伝えがある。

塔身正面には真言密教の教主、大日如来、他の三面に、薬師、弥陀、釈迦を記してある。また、下部に、一切諸法空無、法平等無有、人心誠本来無とある。この地方に真言宗が浸透した時代の造塔と考えられている。

また、権現畦に白色大理石の宝篋印塔が残っている。古老の話によると、昔から旱魃のときこの石塔で雨乞いをする慣習があったという。石塔の前に水を満たした二個の壺が埋めてあり、雨乞いを行うときは蓋石を取って水を汲みだし、新しい清水を入れて祈祷すれば、必ず雨が降ったという。江戸時代以前から請雨祈祷の場となっていたらしい。

⑧布賀庄屋

布賀の平川家は、江戸時代、代々庄屋を勤めた。写真は庄屋平川邸。明治十六年（一八八三）、布賀、布瀬、長屋を管轄する戸長役場が長屋市場一か所にできた（村役場に相当する）。

初代の戸長は平川広三郎。戸長役場は鶴見医院に移転。明治二十一年、布賀の長建寺に移転。次いで、布賀の平川邸に移転した。明治二十二年、富家村となり、村役場となった。大正十二年（一九二三）四月三日、村役場は黒鳥に移った。

その後、大正十四年、平川氏は黒鳥に居を移した。後に別の人が住み、本宅は解体移転して再利用した。門だけは当時のままを残している。

布賀八十八か所

明治三十年代の終わり頃、江草伝蔵（屋号・郷久保）の悲願によって多くの人々が寄進して、布賀の各地を巡って仏像が設置され、布賀八十八か所が完成した。当初、春秋の縁日には、各所にお摂待（せったい、握り飯、餅）があり遍路ブームで賑わった。

長建寺に安置されている弘法大師尊像（木彫）の背面記録によると、明治三十九年三月二十一日建立となっている。入仏供養には成羽龍泉寺松野智照師が来られた。

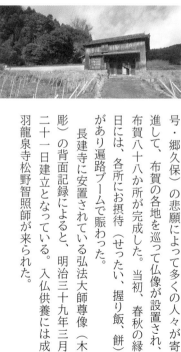

⑨浄心寺

布賀の浄心寺は、かつて、真言宗法道寺として険阻な山中にあった。著しく荒廃したため、永正四年（一五〇七）再興し、本尊聖観音菩薩を安置し曹洞宗清法山浄心寺と名付け開山した。その後、三世不着雲臺和尚の時、山根城主米山大蔵源安則によって貞享二年（一六八五）現在地に移された。

浄心寺にある袖切り地蔵。この地蔵の前で転ぶと袖をちぎって供える、そうしないと災難にあうと考えられた。かつて、長建寺との間にある谷川のそばの自然石は、袖切り地蔵と呼ばれた。袖もぎ様、袖もぎさんといわれる路傍の神は各地にあった。行路の安全を祈願した。

⑩布賀の鉱物

動物や植物に比較すると、鉱物の種類は非常に少なく、約三千と言われている。布賀は、高温スカルン鉱物と総称される特殊な鉱物の産地として知られる。石灰岩が存在するところに高温のマグマが貫入してきて、熱によって鉱物が形成されたのである。黒鳥ダムから布賀へ通じる道路の周辺に確認され、布賀に産する鉱物は、現在約七十種が確認されている。

そのうち、布賀の名前がついている「布賀石」Fukaliteは一九七六年発見。翌年、岡山大学の逸見千代子・草地功・河原昭・逸見吉之助によって日本鉱物学会の発行するMineralogical Journalに報告された新鉱物である。花こう岩の固結温度の五〇〇度を超えた八〇〇度前後で生成された鉱物と考えられている。鉱物名は発見された産地の地名にちなんでつけられている。

布賀で発見された新鉱物としては一九七三年に報告された備中石に次ぐ二番目である。

備中石は、布賀の大島工業の石灰岩の中に産出した。布賀と北アイルランドから同時期に発見され、申請が数日早かったため先取権が与えられた。

布賀の石は、岡山大学で研究が進められ、日本新産の鉱物をはじめ、布賀石、備中石、逸見石などの世界新産鉱物も報告され、一躍脚光を浴び、世界有数の産地の一つとなった。岡山県で新発見された鉱物のほとんどが布賀産である。大江石、逸見石、草地鉱、武田石、岡山石、沼野石、単斜トベルモリ石、森本柘榴石、パラシベリア石など。

⑪常夜灯

布賀には、常夜灯が三基残っている。写真は郷組の常夜灯と地神碑。小学校跡地の西側にある。道路工事によって何回か移転したが、昭和五十年（一九七五）に現在地に移転した。

写真は、向組の三叉路にあるもの。

なお、この外一か所、中郷組に残っている。電気も街灯もない時代には大切な設備だった。三基は、現在でも丁寧にお祭りがなされている。

長谷

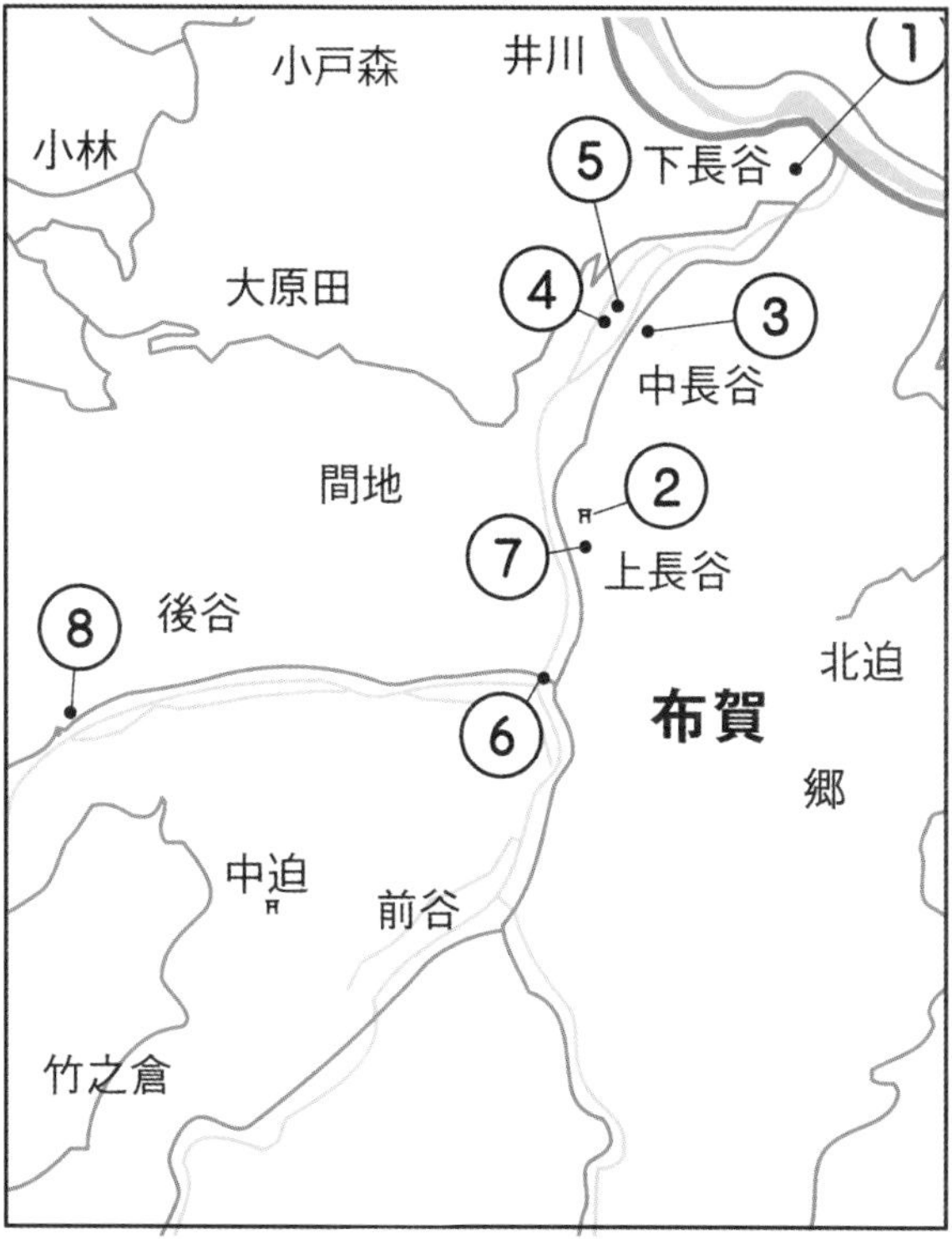

①山根城　②艮御前神社　③地神塔
④備中町郷土資料館　⑤景年記念館　⑥富谷橋
⑦長谷小学校　⑧江草角蔵君功績の碑

7 長谷

長谷地区は、もともと、平川村の一部、長谷組であった。平川村はほとんどが高原地帯にあるが長谷組は谷筋に位置している。

①山根城

平川氏は、紫城を拠点としたが、守りを固めるための支城を築き、一族を配置した。その一つが、山根城。井川から長谷に入る三叉路の北側にある。

「備中府志」によると、城主は、物部卿兵衛、米山大蔵。山根城は高低差一〇〇メートルの山頂にあった。

写真中央の山に山根城がある。また、近くに山根橋がある。

②艮御前神社

建武の頃（一三三〇年代）、山根城主米山大蔵が鎮守として勧請し、山根宮と称した。慶長五年（一六〇〇）、山根十太夫則長、物部彦五郎信房が社殿を改築し、下長谷組の鎮守として崇敬した。寛永十二乙亥（一六三五）社殿再建し、天和三癸亥年（一六八三）、艮御前宮と改称した。延享二年（一七四五）社殿三建し、現在に至る。昭和六十一年（一九八六）十二月吉日、由緒を書いた碑を建立した。

なお、山根城主米山大蔵は、貞享二年（一六八五）、布賀の浄心寺を現在地に移転したといわれている。

③地神塔

下長谷集会所にある地神塔。もともとは前方の田圃の中にあったが、運動広場が造成されたときに移転した。右に、戊慶応四年。左に、辰八月四日とある。元号が明治と改められたのは一か月後の九月八日。つまり、一月に鳥羽伏見の戦い、八月に会津白虎隊が敗れたという戊辰戦争の年（一八六八年）。年号が慶応のうちに建立された。

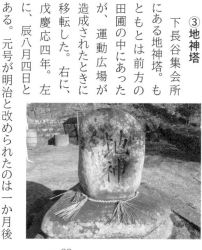

④備中町郷土資料館

備中町郷土館は、町の文化拠点施設として、平成六年（一九九四）八月十二日に開館した。一階の歴史民俗資料室は、布瀬出身で昭和初期に活躍した詩人・久保田宵二の直筆の詩作ノートや江戸時代布賀知行所の駕籠、平川庄屋の酒造業関係書類など町ゆかりの歴史資料、民俗資料、約三〇〇〇点が展示されている。二階には、行政文書、民具、農具など多くの資料が保存されている。

また、備中町出身の芸術家の作品も展示されている。

宮本隆…大正六年（一九一七）用瀬に生まれる。詳細は、黒鳥の項参照。

赤木幸輝…昭和六年、布瀬（赤木長栄堂）の生まれ。昭和二十九年（一九五四）、武蔵野美術学校（現大学）卒業。助手として十年勤務。昭和四十年（一九六五）、備中町有志により後援会結成。東南アジアを経てヨーロッパ

に研修。その後、文教女子短期大学（現大学）に勤務し、昭和六十二年（一九八七）退職。何回もの個展を開催し、精鋭五人展、濁流展、ガイロメ展、三十一年（一九五六）展、炎展等グループ展多数に出品した。川越市に在住していたが、平成二十八年死去。

長谷川正義…大正十四年（一九二五）平川生まれ。昭和十九年（一九四四）平川公民学校繰上げ卒業。昭和二十三年より金剛荘洋画研究所（岡山市）で佐藤一章（当時日展審査員）に石膏デッサンと油絵の技法を学ぶ。昭和二十七年より塩津誠一（当時日展招待）に現代絵画についての理論的な指導を受けて超現実派に傾倒し、以後暗中模索を続けた。昭和三十二年第四十二回二科展に「古木のまわりに」が初入選した。以来、何回も二科展に出品し賞を受けた。倉敷市沖に居を構え、作品制作や指導にあたった。平成二十八年五月死去。

備中町報がタブロイド判であった時期、「町の広場」欄のカットを担当した。

⑤景年記念館

景年記念館は、備中町出身の書家川上景年先生から生涯の全作品と多額の寄贈を受け完成。平成九年（一九九七）十一月一日、羽田孜元首相（当時、太陽党党首）をはじめ、三〇〇人が出席して開館記念式典が行われた。先生の意思を尊重して、備中町の文化の殿堂としての役割を期待された。

⑥富谷橋

長谷から平川に通じているのが県道一〇六号線。長谷小学校のすぐ上手にある橋を渡って平川へ向かう。この橋の名は富谷橋。現在、欄干はガードレールになっていて親柱はない。橋名の表示もない。現在の状態になった時期は分からないが、以前あった橋は、大正十四年（一九二五）十一月の架設で、親柱が長谷小学校の校庭すみに保存されている。

⑦長谷小学校

長谷小学校は明治六年（一八七三）四月四日、川戸の仮校舎で発足。当初は、平川の小学校の支校であった。のちに独立した。明治八年四月、神田前に移転。明治三十八年七月、現在地に移転。昭和二十五年（一九五〇）校舎新築。児童数のピークは、昭和三十五年度（一九六〇）、男一〇七人、女一〇八人、計二一五人。昭和四十八年（一九七三）、創立

百周年を迎えた。長谷小学校創立百周年記念碑。この年の九月に建立。

　昭和五十二年四月一日、布瀬、布賀、長谷の三小学校が統合し、富家小学校となった。布瀬小学校を校舎とした。

　本館跡地にはコミュニティハウス「長谷荘」がある。昭和五十四年（一九七九）四月完成。

⑧江草角蔵君功績の碑

　長谷から橋を渡って後谷に入り、家がとぎれたあたりの山側に「江草角蔵君功績の碑」がある。昭和十七年（一九四二）十二月建立。氏は中迫の人で、村議会議員として多年村政にかかわった。また、薪炭販売など大規模な事業を経営した。特に、川戸から長谷と平川を通って豊松へ通じる道路、県道成羽小畠線開設に功績があった。小畠は、広島県神石郡の地名。

　自動車が発達する前は、この碑の位置から前方の後谷川を渡って山道を登り、中迫へ通じる道路があった。碑はその分岐点に設置されている。

二宮尊徳先生の備前焼像

　長谷小学校にある二宮尊徳先生（二宮金次郎）の備前焼像。

　富家村青年団長谷支部が、紀元二千六百年記念に建立した。昭和十五年（一九四〇）。背面に、木村桃蹊堂宗得造とある。木村家は備前焼窯元六姓の一つ。第十五代宗得（木村

宗太郎）が制作したもの。二宮金次郎像は、
かつては多くの小学校にあった。

平川

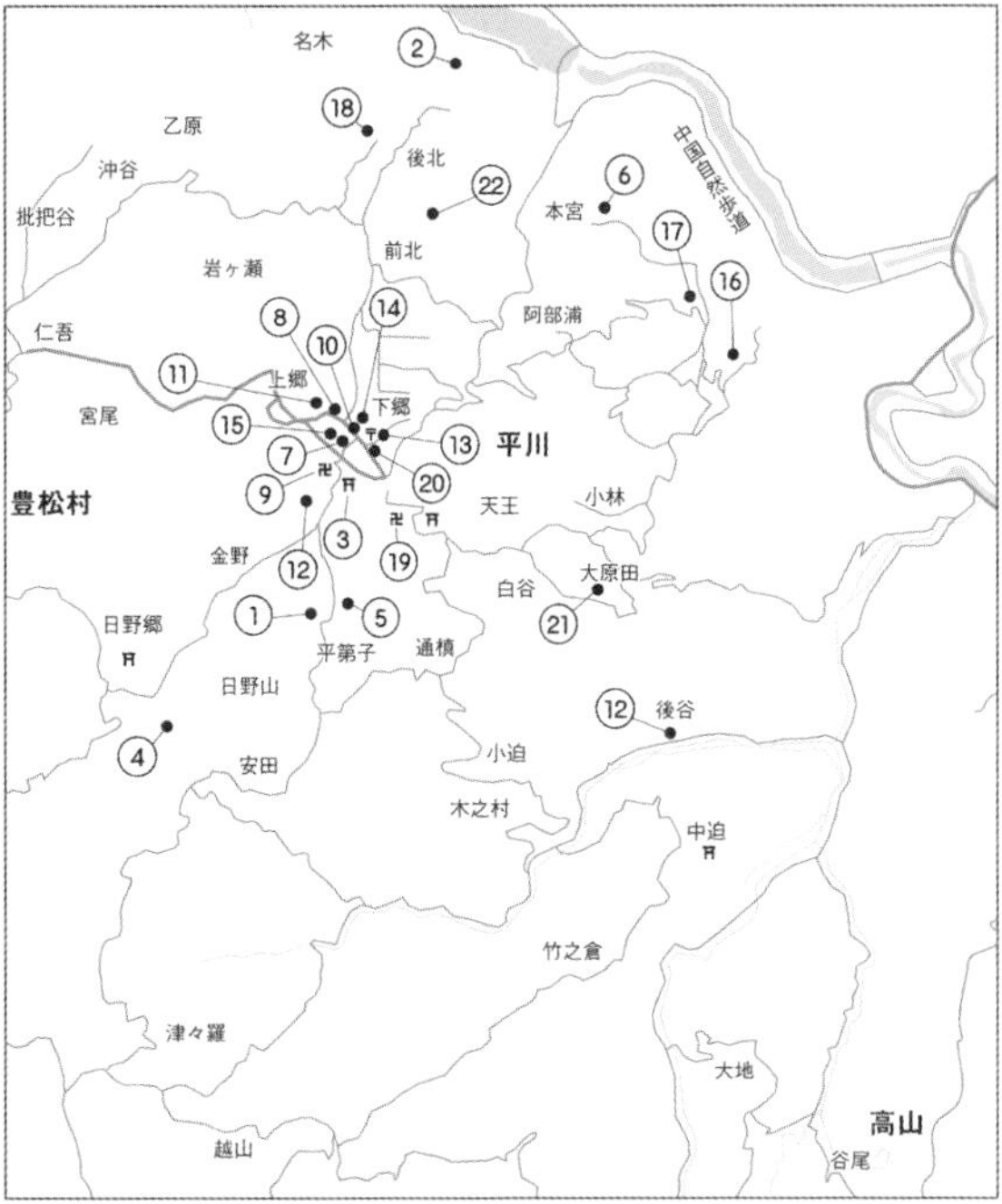

①古墳群　②紫城跡　③鋤崎八幡神社　④石造双体仏
⑤備中白石五輪塔　⑥岩谷神社　⑦地神塔　⑧恵比須社
⑨戒徳寺　⑩平川延太郎頌徳碑　⑪お題目石
⑫平川八十八か所　⑬土居庄屋　⑭中西分家
⑮平川小学校　⑯高徳院　⑰金名山壽宝寺　⑱長遠寺
⑲観音寺　⑳平川郵便局

8　平川

平川の地名は、平川氏の祖、平川掃部介高親に由来する。高親は室町時代の初め建武三年（一三三六）、川上郡穴門郷の領家職を得て、この地に移った。もともとは近江国野洲郡平川郷の領主であったことから姓を平川と名乗り、穴門郷を平川村とあらためた。

紫城を開基し城主となった。支城として、北之丸城・金護山城・大原田城・山根城に、一族、重臣を配置した。掃部之介高親から左近親倫まで十代の間、紫城に拠って平川村に君臨した。

戦国時代、親倫は毛利元就に属したが、関ケ原合戦後、毛利氏が備中領召し上げになったことにより、城を捨てて土着帰農した。

平川氏は、旧領主であったという由緒を尊重され、元和年間（一六一五～一六二三）に、多くの枝村、郷を抱えた広大な平川村の庄屋に任ぜられた。戦国時代に支配した所領が、幕藩体制の領主に行政単位の村として認められた形である。

本郷の他、枝郷が記録されている。長谷、前谷、竹ノ蔵、越山、つづら、横松、後谷、井川、惣田、小林、安田、北、坪野、清川内（寛保三年（一七四三）明細帳、備中町史資料編）。

徳川時代は、幕府直轄地であって、備後上下支配所のもとにあった。平川村東組、平川村西大組、平川村中組、平川村西元組、平川村元組、平川村長谷組に分かれていた。

明治五年（一八七二）、太政官布告で、庄屋、名主、年寄などを廃止した。その後、戸長、副戸長を置いた。その後、川上郡は第九大区となり、その下に小区が設定された。

平川は小第十二区に属した。

小第十二区は、平川村東組、平川村西大組、平川村中組、平川村西元組、平川村元組、平川村長谷組。

明治八年一月十七日、平川村東組、平川村西大組、平川村中組、平川村西元組、平川村元組、平川村長谷組は合併して、平川村になった。以後、昭和三十一年（一九五六）の備中町合併まで続く。

①平川の古墳群

平川地域の古墳は、後期古墳時代に属する小古墳、古墳群で横穴式石室をもち副葬品は装身具、須恵器などである。豪族だけでなく、有力な農民の間でも古墳が造られた。

岡山県遺跡地図（昭和四十年、五十年）によると、平川で確認されているのは、立石、金野、柳井原（下郷）、立岩（下郷）、日野山古墳群（平弟子）。

平弟子１号墳の墳口

平弟子１号墳の石室内

平弟子３号墳

写真提供：江草正光 氏

②紫城跡

備中町平川は、当地を六五〇年に亘って支配した平川氏の名に由来する。室町時代の建武三年（一三三六）、備中国穴門郷の領家職として、近江国（滋賀県）野洲郡平川郷から平川掃部介高親がこの地を拝領し、紫城を築いた。城址は、平川の後北、新成羽川ダムを眼下に見る海抜六〇二メートルの山頂にある。

軸線はほぼ南北を向いている。南側斜面に堀切がある。一の壇（頂上）との高低差六メートルさらに二の壇、三の壇がある。北西部のやや下った位置に平坦な所に堀切、土塁、二つの壇がある。西方面を固めていたと思われる。

紫城の支城が四つある。北之丸城、金護山城、大原田城、山根城である。

③鋤崎八幡神社

この八幡神社は応神天皇、神功皇后、豊鋤入姫命、玉依姫命を祭神として祀る。

建武三年平川高親が当地に移った際、

出身地の八幡神社を勧請し、平川氏の守護神として、崇拝した。この神殿の特徴は入母屋作り平面型の屋根で、中世初期の神殿様式が継承されている。文化財として価値ある神殿建築である。

渡り拍子

渡り拍子は、秋祭りのとき町内各地で行われている。花笠と彩色豊かな衣装を着けたとび子と呼ばれる四人が、鉦の音に合わせて胴丸太鼓を打ちながらまわりで踊る。秋祭りを彩る勇壮華麗な風物詩として数百年の伝統をもつ。

岡山県西部と広島県東部の県境付近に広く行われている。起源ははっきりしない。

秀吉の朝鮮出兵に参加した小早川に関係しているという説もある。

鋤崎八幡神社の秋祭り（十一月三日）では、御神幸の供奉楽として渡り拍子が行われる。

特に平川地区の渡り拍子は古くから行われ、いまでも盛大である。渡り拍子は「カネ・太鼓・跳び子四人」を「一から」という。現在は八からで行われる総勢五十人規模の演技である。平川の渡り拍子は、岡山県指定民俗無形文化財に指定されている。渡り拍子保存会が結成され、伝統の継承に当たっている。写真は家々を回って踊っている様子。

また、古式豊かな平川特有の宮座も奉納される。

絵馬

鋤崎八幡神社には、絵馬が多く残っており、建物の壁面に掲げられている。多くは伊勢参りの時に持ち帰ったものである。

写真は、勧進帳の絵馬。明治十二年二月一日寄進。寄進者は通槙の江草藤次郎、宮岡源八。

義経が頼朝の追及を逃れ、奥州へ向かう時、安宅関で関守富樫左衛門の詮議にあい、勧進帳を読んでようやく通過したという。歌舞伎十八番の一つ。左は山伏姿の弁慶で、勧進帳を読んでいる。右は関守の富樫。色彩はあまり褪化していない。

写真は玉藻前。浄瑠璃と歌舞伎で名高い。鳥羽天皇の寵愛妃（実は狐の化身）を退治している所。中央に狐が描かれている。その左右に討伐した三浦介と上総介、左下に円い鏡を持っているのが安倍泰親。奉納した時期は不明だが明治時代にはよく知られた話だった。

鋤崎八幡神社は、百人一首歌仙の絵馬が残っている。もとは五枚あったようだが、現在は三枚。写真は、凡河内躬恒。

心当てに折らばや折らん初霜の置きまどわせる白菊の花

心当てには、古々路安天尓のくずし字で書いてある。

宇治川先陣の絵馬。奉納御神前、紀元二五三三年癸酉三月三日。紀元とは皇紀のこと。明治六年(一八七三)である。一一八四年の宇治川の戦いで佐々木高綱と梶原景季が名馬生唼・磨墨に乗って先陣争いをした。「平家物語」にある話。これと同じ構図の絵馬が布瀬八幡神社にもある。

④安田の石造双体仏、阿弥陀堂

平川安田に石造双体仏がある。大理石製の供養仏、高さ四十八センチメートル。これは、もともと阿弥陀堂内に安置してあったもの。半円形の白石に、二体の仏が彫られている。元亀四年(一五七三年)の銘と妙泉禅尼という戒名がある。夫婦の墓石としてつくられたものと考えられ、この彫刻はかなり丁寧に彫られ、同型石仏研究の好資料とされる。年号の入っている点は貴重である。

この阿弥陀堂の本尊は彩色木像で、背面に「願主忠蔵、明和六丑年(一七六九)施主安田郷村中、奉再興阿弥陀如来一尊、

七月十六日仏師腰山平蔵」と修理した旨の銘がある。初めの製作年代はわからない。これも貴重な文化財である。（備中町史本編、同民俗編）

この地方は石灰岩地帯で、比較的素材が得やすいことから、この形体の石仏が数多く残っている。町指定重要文化財・石造美術、昭和五十一年（一九七六）三月九日指定。

⑤備中白色五輪塔採石場跡

この地に着任した平川高親は、有力で自治能力の優れた人であった。当地は山峡で貧しい村であり、村おこしのため平川の地に無尽蔵にあった白色石灰岩を材料として五輪塔の生産に着手した。採石から製造、販売に至る一切を平川一族の菩提寺の観音寺に任せた。事業は成功し以後二百年間住民に富を与えたという。現在でも販売先の笠岡に平川産の五輪塔が残っている。

⑥岩谷神社

平川の大野にある。別名、カナビラ様。古くは高龕神を祀るとある。文治三年（一一八七）十一月、紫城主藤原資親が金平山の麓に、穴門山神社の分霊を以て勧請した。ダムを見下ろす急峻な山の斜面で岩が屋根状になったところにある。かつては、多くの参拝者でにぎわった。

参詣に困難な所から、氏子によって、弘化五年（一八四八）、本殿が山頂の現在の位置に移転された。明治六年（一八七三）、高龗神社を改め岩谷神社とした。もとの山麓の神社を下岩谷神社という。

ここでも、備中備後美作地方に及ぶ地域から、多くの信仰の念が篤い人々のお参りがあり、ご縁日には近くの山道は行列になった。

平成十年、御神体象徴石造物が奉献されている。

⑦地神塔

平川下郷の古銭山大社の境内に平川第一と言われる地神塔がある。高さ一・五メートルあり、とても大きい。明治二己巳年（一八六九）の銘があり、土居庄屋が建立した。彫が深く、白米一升が入るといわれている。

⑧恵比寿神社

古くから市が立つところにはしばしば恵比須社が勧請されている。商売繁盛の神とされる。平川市場（郷）にある立派な恵比須社は、当地の繁栄を物語る。もとは平川家（中西）が祀っていたといわれているが現在は下郷と中郷の人たちで恵比須講を

つくって祀っている。

⑨戒徳寺

平川下郷にある金護山戒徳寺は、真言宗の寺院。平川の領主、平川掃部介源高親、その子民部大輔光親の援助により、平川家数代の祈願所として建立されたといわれる。

開山は康永元年（一三四二）。残っている棟札などは、願主として平川城主、江戸期に入っては庄屋平川氏に名が記されている。当時戒徳寺住職は、隣接した鋤崎八幡神社の祭事の時、遷宮導師を務めるなど大きな力があった。当時、祭礼の神輿は戒徳寺から担ぎ出されていたので、現在でも神輿蔵が残っている。

また、境内には高さ三メートルを超す宝篋印塔がある。花崗岩製で、基壇を何段も重ねた大きなもの。これだけのものを制作するのは地元の石工では無理だったのか、四段目に石工として、「泉州日根郡男里村忠右衛門」（現在の大阪府泉南市男里）の名が記されている。

八ツ手観音

平川戒徳寺のそばにある八ツ手観音。もともとは平川村清川内地区にあったが、新成羽川ダムによる水没のため、昭和三十九年（一九六四）八月二十六日、この高い位置に移転した。由来を記した碑に、清川内出身者の名と新しい居住地が記してある。ふる

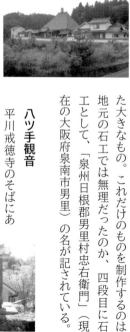

さとを去るに当たってせめて観音だけは近くに残そうとした。

⑩平川延太郎頌徳碑

平川の郷に平川延太郎頌徳碑がある。この位置は、平川村役場の正面。周辺には農協、小学校や煙草集積所など村の主要な施設があった。氏は、平川家（中西）の当主。昭和二十一、二十二年に村長を務め、顕著な功績を残した。

碑は、平川中郷の人々によって昭和二十九年（一九五四）四月に建てられた。碑文は、赤松月船の撰。

平川歴史文化散策マップ

備中町の地域を見直そうという活動が続けられている。その一つ、平川の歴史を語る会は、平成二十一年（二〇〇九）四月から活動を開始し歴史探求、史跡の調査、整備を行い、平成二十四年三月、調査結果を冊子として出版した。

写真は、平川の歴史文化散策マップである。画は、平川の江草正光氏による。

安田の神殿神楽

平川安田の神殿神楽は、昭和二十七年

（一九五二）、無形文化財に指定されている。現在、秋祭で行われる芸能的な神楽とは異なる。安田の神楽は、若一八幡神社と三つの荒神社（本山荒神、風呂屋荒神、伽藍荒神）から神様を集めて祭祀をする。

写真は風呂屋荒神。

⑪お題目石

平川上郷の金刀比羅宮前にあるお題目石。中央に髭文字で南無妙法蓮華経と彫り、右に、宗祖六百五十年遠忌記念、左に、天下泰平国家安全とある。昭和七年（一九三二）が日蓮の没後六百五十年だったので、この時期に建てられたと思われる。人の目に触れるだけでも互いに結縁の功徳があるとする信仰があったことから路辺に建てられたもの。

⑫平川八十八か所霊場と金護山城

平川八十八か所霊場は、幕末の文久年間に創祀された。写真は第一番霊仙寺。後谷下の道路脇にある。文久三癸亥三月（一八六三）、施主赤木増右衛門。ここから道路沿いに（現在の県道ではなく旧道）祀られている。県道を上り、大きな公頌碑の所に五、六番がある。通槙、下郷、中郷、金野の道路に沿って置かれ、第八十八番大久保寺は、金護山城址にある。

この霊場のお大師さんには全部耳がないの

が謎とされている。困窮を極めていた時代に大きな事業であった。村の繁栄そして自分たち

の幸せを願う強い気持ちが込められていたであろう。現在でも、八十八か所すべてお参りできる。

⑬土居（平川）庄屋

関ヶ原合戦後、慶長八年（一六〇三）、江戸に徳川幕府が置かれる。

平川氏は、もとの領主であることから元和年間（一六一五〜一六二五）庄屋になった。以来、世襲によって明治まで続いた。五百年にわたり平川村を統治してきたことになる。屋号を土居という。

現在残されている屋敷は、東西四十間、南北三十五間、面積約四反。屋敷両側は高さ四尺の土塁、裏山には東西に延びる深さ二メートルを超える堀切がある。城主の館を偲ばせるものがある。

平川氏の所有した土地は、十二町歩、持高二百四十石。近隣においては抜群の規模である。元禄四年（一六九一）の家族構成は、男三十三人、女二十三人、計五十六人と記録されている。その大部分は家来、名子、下人など。十五代金兵衛尉親忠は『古戦場備中府志』を著し、歴史を記録した。

近世初期から酒造業を営んだ。酒造高は延宝年間は十二石、文化十年（一八一〇）には三百三十石と激増している。

⑭中西（平川）分家

土居平川十代目親倫の叔父、親盛は分家して、屋号・中西を名乗った。幕末から酒造業を営み、経営規模が拡大した。酒商標は「松緑」である。

明治以降は、役場開設、小学校建設、郵便局開設、県道開通、警防団設置など村の発展に大きく貢献した。その功績に対し村として平川延太郎頌徳碑を建立をした。元の村役場前にある。

⑮平川小学校

平川小学校は、明治五年（一八七二）八月、観音寺に仮教場を設置したことに始まるが少し前史がある。慶應元年（一八六五）、江草弥一郎（農業）が北地区に、三輪民三郎（農業）が郷地区に寺子屋を開所した。また、神原友仙（農業）が共励私塾を開いた。この背景のもとに、明治六年学制による小学校ができた。視察に来た文部省の役人が「啓蒙所ニハ文部省モ聊カ先を打タレタルノ感アリ」と驚いたという。

明治六年（一八七三）、大正十三年（一九二四）、昭和五年（一九三〇）と校舎を新改築した。大正四年（一九一五）は、私立平川准教員養成所を設置などで教員を確保しようとした。

現在残る校舎は、昭和五十六年（一九八一）三月完成（写真）。給食室棟の完成に合わせ

て、翌年一月二十四日、落成記念式が行われた。その後、児童数の急激な減少により、平成二十五年四月に富家小学校へ統合した。

ペスタロッチ像

平川小学校にペスタロッチ像がある。ペスタロッチはスイス人、偉大な教育学者、教育学の父と呼ばれた。

観音寺住職赤松月船が提唱し建てられた。昭和二十九年（一九五四）十一月一日除幕。

用瀬出身の彫刻家宮本隆が原像を作り、成羽の田辺白山荘の陶工田辺虎三郎が制作した。爾来六十有余年、平川の子どもたちの成長を見守った。

赤松月船は、矢掛町出身の僧侶、詩人。若いころは東京に遊学し、家の事情で、昭和十四年（一九三九）観音寺住職として、岡山に戻っていた。のちに、平川村村長も務めた。備中町の歌をはじめ平川小学校校歌、中学校校歌など周辺の多くの学校の校歌を作詞した。

⑯高徳院

平川堀井の金平山高徳院の本尊は、摩利支天様である。児島高徳の家臣が背負ってきたという伝承がある。児島高徳は後醍醐天皇が隠岐へ流される時、その奪還を試みた武士。

高徳院は高徳の名とも考えられる。

明治三十二年（一八九九）、この家に入った人が目を患い、祈祷してもらった家の裏に摩利支天様が埋まっているとのこと。早速掘り出し、祀って、今日に至る。背負ってきた摩利支天が、数百年の時を経て再び高徳院に祀られている。

檀家を持たない寺院であるが、信仰の対象としてにぎわった。寺院前の道路は、油木と吹屋を結ぶ主要街道であった。

⑰金名山壽宝寺

古の時代、聖瀧という瀧に洞窟があった。弘法大師の弟子が全国へ修行に出た時の一人がその聖瀧で修行したという伝承がある。後に、僧侶として阿部浦地内に壽宝寺というお寺を建てた。現在、寺は廃寺となっているが、江戸の安政時代（一八五四～一八六〇）、薬師如来を本尊として、真言宗金名山壽宝寺を再建した。現在は薬師堂として祀られている。

薬師堂にはサスリ地蔵尊の仏像、十二神将像、当時の諸道具が保存されている。サスリ地蔵尊は、まず身体の痛いところをさすり、次に地蔵尊をさすれば回復するとされ、多くの人のお参りがあった。

阿部浦地内に聖・寺屋敷という地名が残っている。金名山壽宝寺の遺称地と思われる。また、地内に寺院特有の五輪塔がある。

⑱長遠寺

長遠寺は、もともと備後国豊松村有本にあった。当地の中山城主有木民部大輔吉兼の開基で長命山長遠寺という。訳あって文亀元年（一五〇一）、紫城主平川越前守元忠、金護山城主平川左右衛門尉景親により、現在地の平川後北に移築した。日蓮宗。

五輪塔の生産にも関わり、裏山には多くの五輪塔が祀られている。

寛政五丑年（一七九三）四月吉日再三建立の棟札が残っている。瀬戸内海の塩飽諸島、いわゆる船大工によって建てられた。番匠棟梁塩飽住人泊浦森伊兵衛豊吉、甲生浦渡辺源吉、泊浦森足兵衛と記されている。町内に塩飽船大工の建造物が他に少なくとも五件ある。

明治三十年代の後半、田原―成羽間に吉岡鉱山専用軌道が建設された。その落成供養として、明治四十一年（一九〇八）九月、全通橋川向こうの絶壁に御題目が彫られた。この髭文字を書いたのが、この長遠寺第二十四代日精である（田原の項参照）。

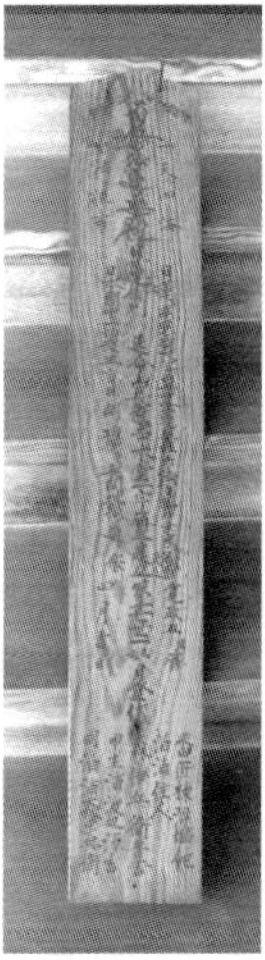

⑲観音寺

観音寺は、釈迦如来像を本尊としていたが、平川高親が平川家の菩提寺として如意山吉祥寺を創建した。改めて文和元年（一三五二）聖観世音菩薩を本尊として、曹洞宗田口山観音寺を開基した。

平川家の「平川家由緒書」に「紫の城、元暦年中者、三位藤原資親、備中在廳として當郷を領ス、元弘の頃者、日野中納言資朝本主二而、代官職ハ田口又四郎在役ス」とある。山号の田口山は、代官田口又四郎にちなむと言われている。平川庄屋（土居）の隣に代官屋敷とされる土地がある。平川村の西部に日野山がある。

⑳平川郵便局

最初の平川郵便局は、明治四十一年（一九〇八）二月二十六日、平川庄屋の分家（屋号・中西）の宅地（平川農協の位置）に置かれた。当時は、局長だけが逓信省の任用官であって、一定の経費のもと一切の業務が委託されていた。そのため、かなりの資産のある者でなければ開設できなかった。

その後、大正元年（一九一二）十一月、本家（屋号・土居）の宅地へ移転した。昭和四十三年（一九六八）、その地で旧局舎新築。平成六年（一九九四）、現在地へ局舎新築移転（写真）。

油野

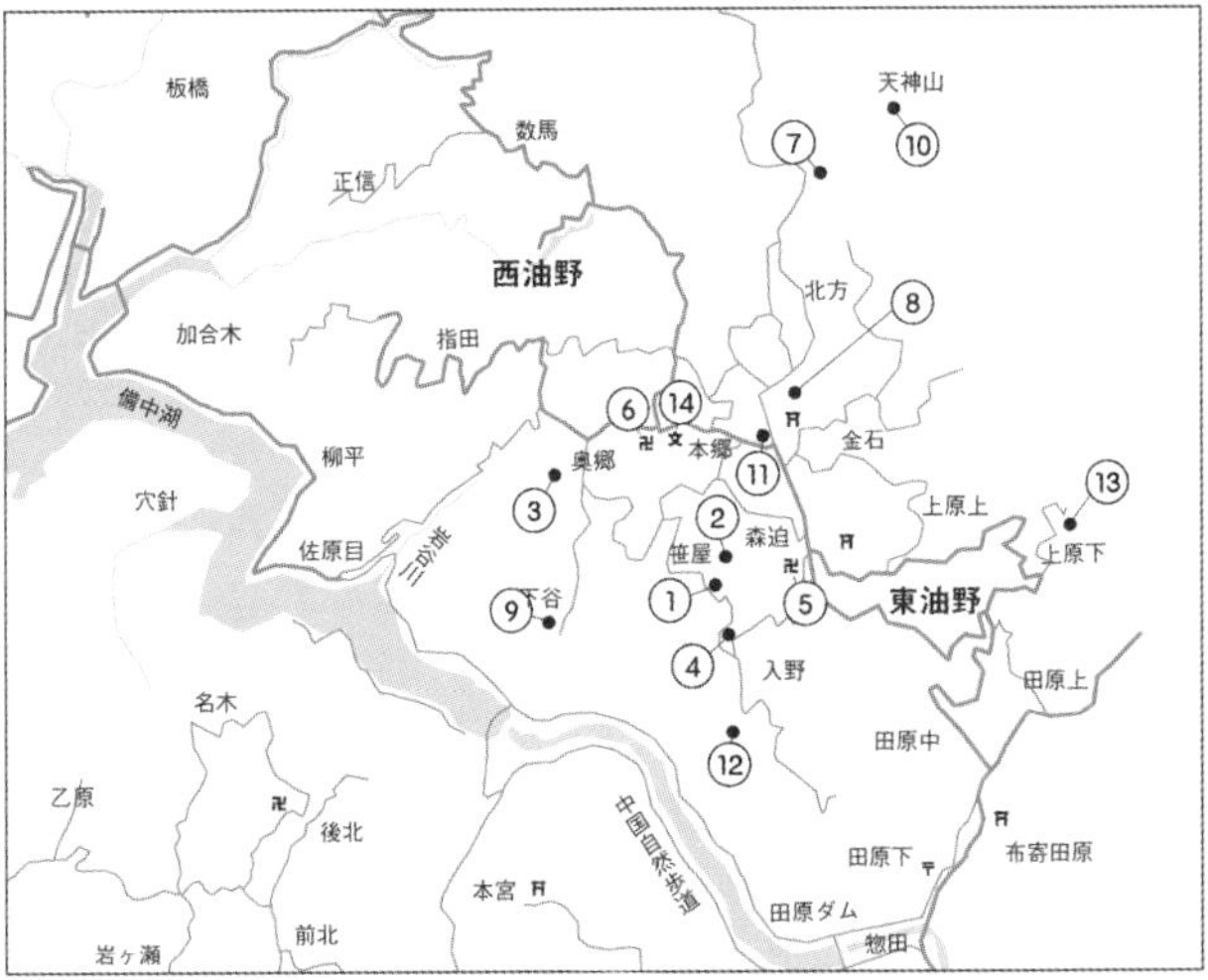

①笹屋古墳　②袈裟尾城　③軽尾城　④大光院
⑤重林寺　⑥観音寺　⑦虚空蔵様　⑧小旗山神社
⑨岩谷様　⑩天神山　⑪田村富一頌徳碑
⑫観音嶽　⑬爆弾投下　⑭湯野小学校

9　油野

明治元年（一八六八）、平川、油野地区は、徳川直轄地（備後上下支配所）であり、多くの村からなっていた。そのうち油野地区は、西油野村西組、西油野村東組、西山村、東油野村西組、東油野村東村組に分かれていた。

明治五年（一八七二）、太政官布告で、大庄屋、庄屋、名主、年寄などを廃止した。その後、戸長、副戸長を置いた。

その後、川上郡は第九大区となり、その下に小区が設定された。油野に関係したのは小第十三区と第十四区である。

小第十三区…西油野村西組、西油野村東組、西山村

小第十四区…東油野村西組、東油野村東組、（坂本村）

明治八年（一八七五）、西油野村西組と西油野村東組は西油野村に、東油野村西組と東油野村東組は東油野村になった。西山村はそのままである。

さらに、明治二十二年（一八八九）町村制度施行により、東西の油野村と西山村が合併し、湯野村が発足した（初代村長は赤木幸三郎）。以後、昭和三十一年（一九五六）の備中町合併まで続く。

湯野村のほとんどの地域は高原地帯であるが、東の端に川沿いの田原地区も含んでいる。東油野の学校、農協など公共施設は田原にあった。

①笹屋古墳

東油野には、森迫古墳、笹屋古墳群、入野古墳がある。『岡山県通史』（永山卯三郎著、昭和五年（一九三〇））に、油野の古墳として、

森迫塚、横吹塚が記載されている。

　昭和三十五年（一九六〇）、倉敷考古館の鎌木義昌、間壁忠彦によって調査されたのは、森迫古墳、笹屋一号墳～五号墳。いずれも後期古墳（西暦六、七世紀の古墳）と考えられている。笹屋のものは古墳群と言えるもので、笹屋、森迫、金石などに住んでいた人たちの内で、指導者的地位にあった人が、順次葬られたものと考えられる。

　写真は、笹屋二号古墳。径五メートル、高さ一メートル。石室は比較的保存状態が良い奥壁の部分は横穴式石室独特の巨大な石を使用しており、他の壁面も大型の石が使われている。

②袈裟尾城

　東油野の袈裟尾城は、鷲尾庄司武久の開基とされる（備中府誌）。鷲尾氏は、丹波国多紀郡鷲尾の住人ともいう。武久は源義経寵臣の鷲尾三郎義久の父。武久は老身ということで、その子熊王を元服させて義久と名のらせ、源義経の鵯鳥越えの案内をさせた。この逸話は、平家物語巻第九「老馬」にある。袈裟尾城城主は、その後、赤木氏、平松氏と変遷した。

　赤木氏、平松氏の城主のことは、大光院の棟札に記載がある。

③軽尾城

油野には、もう一つ、軽尾城（加留尾城ともいう。）がある。天文年間の開基。城主の天竺三郎は、赤木氏の系図によれば、赤木伊豆守忠國の婿とされている。そのことから、湯野村を今も天竺油野ということがある。天竺は、伊予の地名。その祖先の天竺禅門は細川の庶流で細川頼之に属した。よって細川天竺ともいう。天竺禅門は、後太平記第三巻「河野一族蜂起の事」に伊予における戦の事績が残る。また、文政八年西山村明細帳の西山城の件に、「開基赤木弾正忠泰、其後、細川天竺之介元興居城」とある。西山字天王にある大山社の境内にある脇神社の祭神は御前様で天竺の子孫を祀っている。平川鋤崎八幡宮に寄進した鏡に湯野天竺と彫ってあるというが、現在鏡は伝わっていない。

④大光院

東油野入野にある大光院は、鎌倉時代袈裟尾城主赤木次郎左衛門忠信（法名道忠）の四男が武運長久の祈願所または菩提寺として建立したといわれる。堂内には、中央に本尊の薬師如来座像があり、両脇に、木造不動明王と木造毘沙門天の立像が安置されている。ともに寄木造りで室町時代の作品である。

両脇に十二神将の像がある。小さな神像であるが、立派な作品である。十二神将のう

ち二体に応永二十四年（一四一七）九月三日の墨書銘がある。

なお、右手奥に立派な五輪塔、宝篋印塔群があり、赤木氏の墓地と考えられている。

⑤重林寺

東油野の重林寺は曹洞宗善福寺末寺で、元亀三年（一五七二）創立。昭和二十二年（一九四七）に焼失、鐘楼だけ難をまぬがれた。

梵鐘は、建国布邦和尚在住の宝永六年（一七〇九）、東油野村金吉の又一なる人物が寄進したもの。作者は、河内の鋳物師の流れをくむ備中新見の鋳物師河内守吉田与右ヱ門尉藤原宗定と刻まれている。口縁部が比較的張り出した形状である。池の間には蓮池に咲いた蓮華が鋳出されている。

戦時中に金属供出ということがあったが、当時、半鐘として使われていたため、供出をまぬかれたため残っている。

入り口にある結界石。「界内禁葷酒」（界内、葷酒を禁ず）。葷酒とは、辛味や臭味のある野菜と酒。修業の妨げになるとされた。布賀の長建寺（曹洞宗）、西山の長松寺（曹洞宗）には、「不許葷酒入山門」（葷酒山門に入るを許さず）がある。

⑥観音寺

西油野の福聚山観音寺は、弘法大師の開山

と伝えられる。現在、真言宗善通寺の末寺である。本尊は青銅の聖観音菩薩立像、脇仏は木像阿弥陀如来立像。寄木造りで古様を残している。

この寺は元禄元年（一六八八年）火災のため全山焼失し、その後再建された。元禄三年以降の過去帳が残っているのでこのころ再建されたと思われる。本尊や鰐口からこの地方の由緒あるお寺であることがうかがえる。

観音寺鰐口

観音寺には、南北朝時代末期に鋳造された青銅製の鰐口がある。鰐口は、仏堂の正面軒先に吊り下げられた仏具の一種。参詣者が打ち鳴らす。神社にある鈴に相当。

表面には「奉懸御宝前鰐口周防国熊毛郡小周防東方東興禅寺」「永徳三年癸亥七月初八日勧進沙弥道琳敬白」「諸行無常是正滅法」「生滅滅己寂滅為楽」と刻銘があり、裏面には「高尾山常灯寺願主敬白」「応永十六丑年（一四〇九）三月八日」と刻まれている。

これらの刻銘によると、この鰐口は永徳三年（一三八三）に現在の山口県光市小周防東方にあった東興禅寺のものとして鋳造され、のちに高尾山常燈寺（同地）に移り、さらにこの観音寺に移されたことがわかる。鎌倉時代の特色を伝えた南北朝時代の数少ない作品の一つ。永徳は北朝方の年号。

⑦虚空蔵様

湯野の天神山の麓に虚空蔵菩薩が祀ってあ

る。急峻な坂道を百メートルほど登った沢の右手に直径十メートルほどの岩穴があり、そこに社がある。耳の病に効能があるという。通称、虚空蔵さま。また、そこから百メートルほど離れた沢の反対側にも似た大きさの岩穴があり、ここには権現様を祀ってある。この一帯は、当地随一の神々しさがある。

⑧小旗山八幡神社

西油野の小旗山八幡神社に、貞享四年（一六八七）の棟札が残っている。また文化十一年（一八一四）年の棟札には、大工棟梁塩飽広嶋茂浦向金三郎とある。塩飽諸島の船大工が関わったことがわかる。町内には他にも塩飽大工が建てた神社仏閣が残されている。

小旗山神社は、神像と獅子頭が残されている。神像は、高さ五十センチの乾漆座像。鎌倉期の作品。獅子頭は、江戸中期の作品。材質はほうの木である。

平田山八幡神社は、東油野にある。

⑨岩谷様

西油野、下谷の岩谷様。田原ダムの湖水面を見下ろす高い位置に大きな岩の陰、まさに深山幽谷に祀られている。近づくのは容易ではない。神社の建立勧請の時期は不明だが、古老の語り伝えによると、約二百年前という。

昭和三十一年（一九五六）四月十六日、本殿を焼失した。現在の社殿は、昭和三十一年四月二十四日再建。大工は、廣田健二、丹下謙一、藤田武。斎主宮司の難波重恭によって祭事が行われた。

⑩天神山

備中町の最高峰は、湯野の天神山七七七・三メートル。一等三角点が設置されている（写真）。東経一三三度二五分四四秒、北緯三四度五一分二七秒。

写真では陰になって見えにくいが、旧字体で三角點と刻んである。成羽町坂本との町境である。

この場所は木立の中で見晴らしが悪い。五〇〇メートルほど離れたところに、小さな頂があって、ここに神社が祀られている。ここには、東油野、西油野、

成羽町の坂本のそれぞれの氏子が祀る社があり、備中町側と成羽町側に参道がある。

絶景の地は近くの鈴振崖で、三百六十度の見晴らしがきく。条件がよければ四国が見える。

⑪田村富一頌徳碑

西油野、北方別れの三叉路にある田村富一君頌徳碑。氏は油野の生まれ、湯野の発展に尽くされた。湯野森林組合組合長、村会議員、村長などを歴任した。林道熊峠線の開設、田原高校の創立など数多くの顕著な功績がある。題字と撰文は小田武雄町長。昭和三十八年（一九六三）二月十七日に除幕式があった。碑の後側に、撰文が刻まれている。撰文の一部。君は資性誠実、沈着でありながら頗る放胆な面もあり、驚くほどの博覧強記である。事業の着意構想が卓抜であった、その業績は年を追って光を増している。除幕式には本人が出席し、挨拶をされた。式の後、湯野中学校屋内体操場で祝宴があった。

⑫観音嶽

『川上郡誌』（大正九年）に、

矗々たる巨岩奇石屹立し、老松枯杉其の間に疎生し、花時躑躅の其の間を点綴するは正に杖を曳くに足るべし、巌脚に成羽川の曲流するありて、風光更に一段の佳趣を添う、真に山紫水明の絶景とす

と記載されている名勝。油野入野から山を越えた南側にある。

写真は、文字岩公園の展望台からの遠景。左の巨岩の後には、隙間が見える。左手の山の海抜は六三六・九メートル。三等三角点がある。かつては木野山神社が祀られ、祭事が行われていた。右の絶壁上には観音様を祀ってある。いづれの位置からも、新成羽川ダムがほぼ正面から見える絶好の場所である。

⑬爆弾投下

戦争末期の昭和二十年（一九四五）八月、湯野の上原、相谷に爆弾が投下された。南から北へ向かって直線状に合計六つ。写真は一つ目が落ちたところ。圃場整理と道路工事のため多少地形が変化している。戦後、豚舎があった位置。二つ目の爆発で地面に大きな穴ができて、水の流れが変わった。爆風で障子が倒れたり穴が開いたりしたという。六つ目は不発。

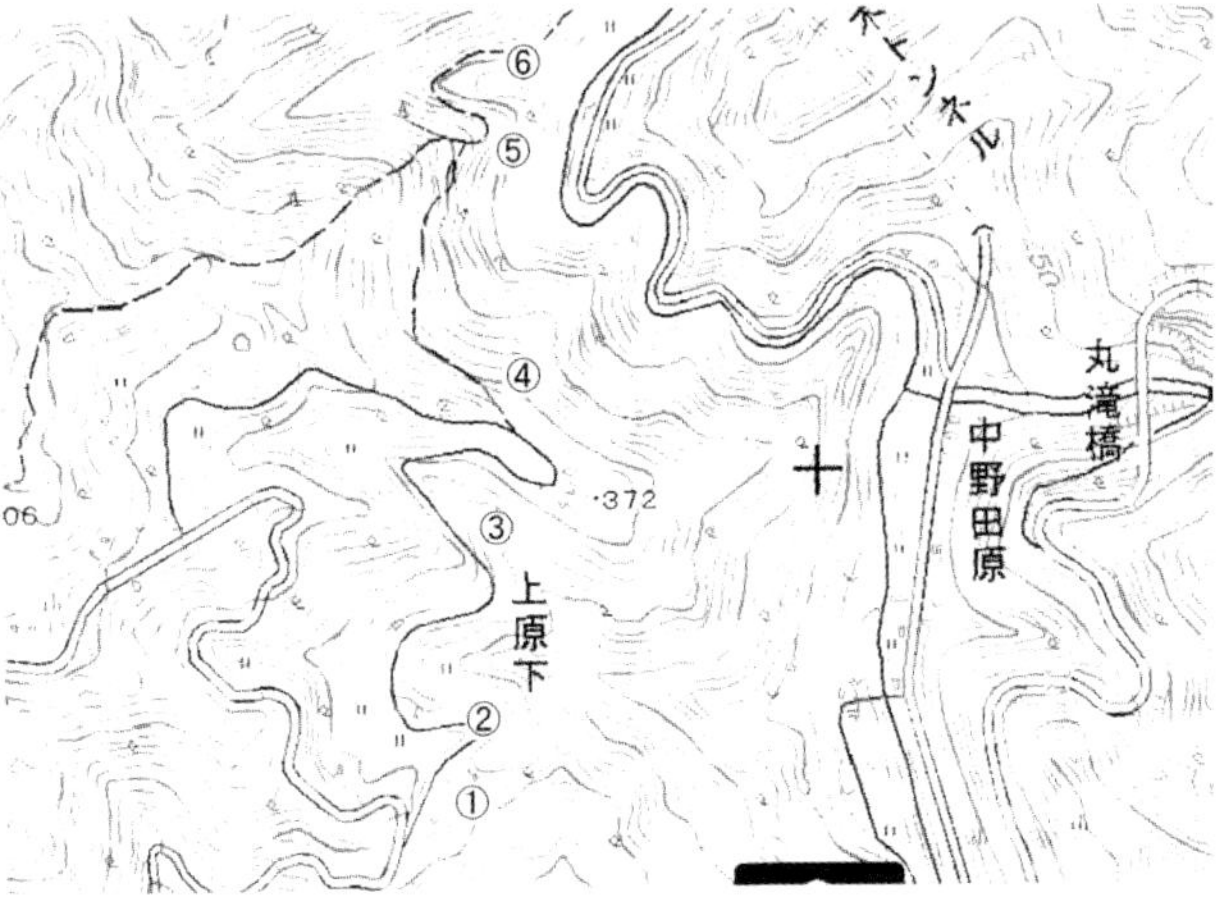

戦後、進駐軍が不発弾処理に来たという。戦後考えると笠神発電所をねらったのではないかと思われる。当時は多くの証言があった。現在では、近くの家で当時小学生だった人が唯一の伝える人である。

⑭湯野小学校

湯野小学校は、明治六年（一八七三）二月、西油野観音寺境内に有修小学校として発足。明治四十二年、柳平に分教場を設置し、当初は一、二年生が通学した。昭和三十九年（一九六四）、柳平分校は新成羽川ダム建設により廃校。児童数のピークは、昭和三十四年度（一九五九）。男一四六人、女一三二人、計二七八人。平成二十五年（二〇一三）三月三十一日閉校。富家小学校（黒鳥）へ統合した。

　湯野中学校は戦後の学制改革により昭和二十二年（一九四七）四月、湯野村立中学校として、通称、秋葉山に発足。同時に、西山に分校も設置（後に独立校となる）。昭和三十年（一九五五）四月、現在地に移転。昭和五十五年四月、西山中学校と統合し新湯野中学校となり、新築された田原の新校舎に移転した。

　昭和五十七年二月二十日、中学校跡地に「湯野荘」が建てられた。関係者八十人が出席して落成式が催された。式後、地区民三百人が参加して、祝賀会が行われた。町内で六番目の「連帯の城」コミュニティハウス。

田原・ダム周辺

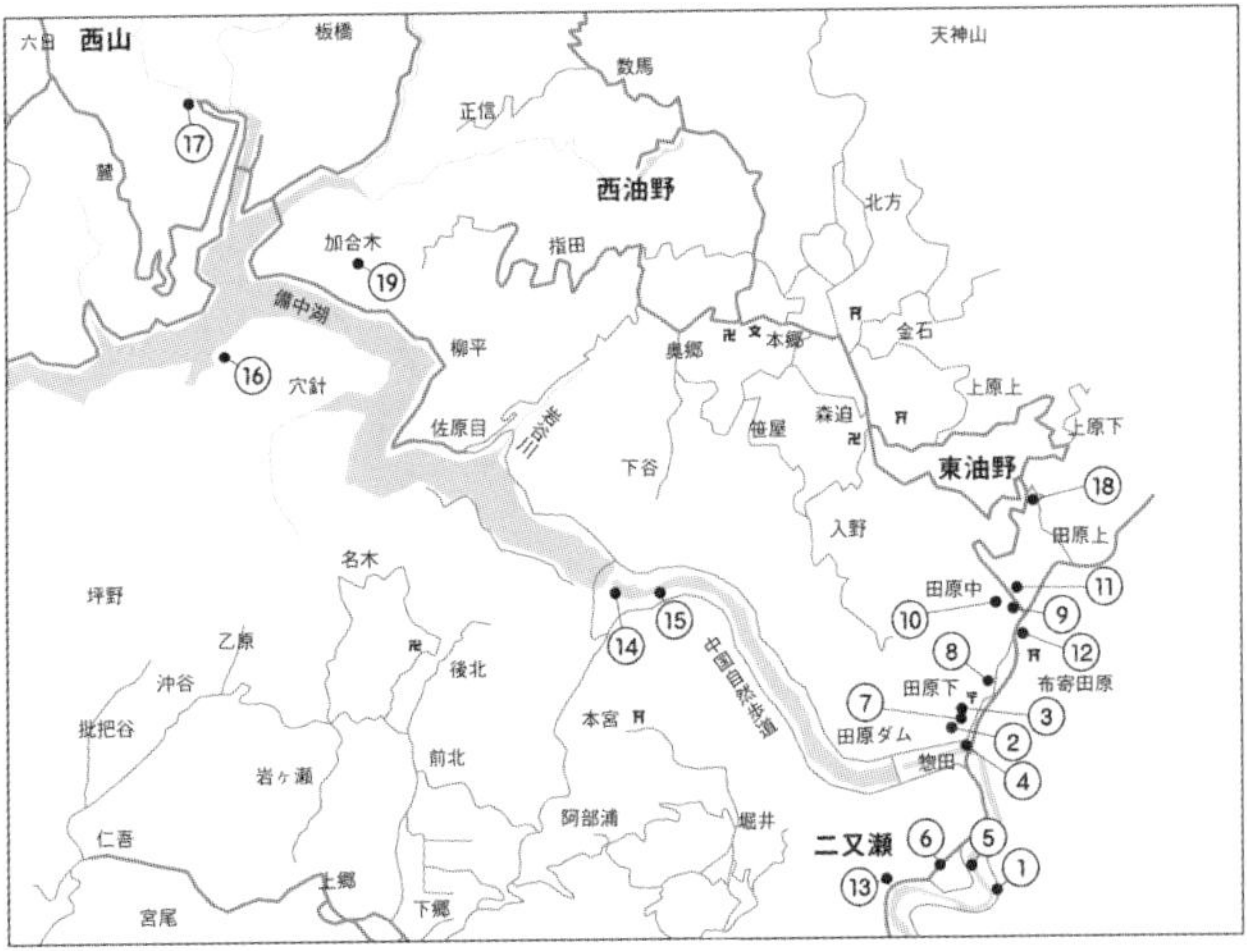

①題目岩　②丹下庄屋　③平松運送店　④田原橋
⑤全通橋　⑥備中トンネル　⑦田原の地神塔
⑧湯中橋　⑨馬場下橋　⑩田原小学校　⑪田原高校
⑫備中中学校　⑬成羽川発電所　⑭新成羽川発電所
⑮笠神の文字岩　⑯清川内紙　⑰小谷鎮守神々宮居
⑱桃太郎資料館　⑲加合木地神塔

10　田原・ダム周辺

田原は、坂本川が成羽川に合流する位置にある。農産物や物資の集積地として川の両側に発達した。田原は湯野の一部だが、ダムの周辺（北側は湯野、南側は平川）、成羽町布寄（通称、布寄田原）などは生活圏が一体である。

明治元年（一八六八）、平川と油野地区は、徳川直轄地（備後上下支配所）であって、多くの村からなっていた。そのうち、田原は東油野村東組に属し、その後、川上郡は第九大区となり、その下に小区が設定された。田原に関係したのは第十四区である。

小第十四区…東油野村西組、東油野村東組、
（坂本村）

明治八年（一八七五）、東油野村西組と東油野村東組は東油野村になった。

さらに、明治二十二年、町村制度施行により、東西の油野村と西山村が合併し湯野村が発足した。以後、昭和三十一年（一九五六）の備中町町制施行まで続く。

湯野村のほとんどの地域は高原地帯だが、田原地区は東端の川沿いにある。東油野の学校、農協など公共施設は田原にあった。かつて、東油野の高原地帯に住む小学生は、徒歩で山を下り、田原小学校に通った。

①題目岩

坂本の吉岡鉱山は大同二年（八〇七）の開坑とされ、盛衰を繰り返しながらも近代まで採掘された。

明治後半になって発展し、銅や銀など生産が増大した。物資の輸送が大量になり、輸送

力が不足したので、成羽川左岸に、田原から成羽まで専用の鉄路を敷設した。私用道路新設許可願が明治四十年（一九〇七）二月に出された。

明治四十年三月工事開始、翌年九月完成しトロッコ道は開通した。吉岡鉱山専用軌道、通称「専用道路」という。

この工事を請け負ったのは、広島県千田村の水田市太郎である

全通橋対岸の下も手、長砂―宇串間が難工事であった。工事犠牲者の供養のため、市原の絶壁にお題目を彫った。高さ四メートル、幅二メートル。全通橋から見下ろした対岸の絶壁に現存する。

明治四十一年九月吉日
宇治村穴田世話方高田宗良
長命山廿四代日精

南無妙法蓮華経日蓮大士
広島県深安郡千田村
水田市太郎建之

完成後は、物資の輸送に加え、人も乗車した。昭和の初め、吉岡鉱山事業不振により輸送は休止となった。

第十三回内田百閒文学賞（二〇一七年）最優秀賞は、畔地里美著「プラット」である。伯備線の高梁―新見間の鉄道敷設調査のため

に東京から来た鉄道員の技士と吉岡鉱山事務所の少年との交流を描いている。トロッコ道に沿った成羽、黒鳥、田原、坂本の描写がいい。著者は成羽町坂本の出身。

②丹下庄屋

田原の丹下家は、代々東油野村の庄屋を勤め、田原河岸問屋「くら」(屋号)を営んでいた。田原河岸場は東油野村、西油野村、西山村を後背地としていて、年貢米輸送のほかに茶・楮・漆などの商品作物の搬出で繁栄した。田原橋北詰めの山裾に墓地がある。

丹下小十郎の文政四年(一八二一)の墓碑銘に、

君諱秀安姓丹下小十郎、備中州川上郡油野邨人、家世里正、門前有渓水、自東城達于成羽、水道至于此極矣、権運載之貨物日収其贏、是以家亦富、為人恬澹、好囲碁宴飲以終日、亦邑務亦理、処事有恩、治家有法、人服其徳、文政四年辛巳十一月二十日以疾卒、葬于本邑先塋之次、享年四十七 嗣子恒年建焉

と刻まれている。これは、頼山陽の撰並書と伝えられている。

丹下家は、大正四年(一九一五)、俵作の没後絶家している。また、丹下氏はかつて国吉城の宿将として七地(川上町)に居住していたとされ、そこに「くら屋敷」という地名が残っている。「丹治」という氏も七地にあり関連がうかがわれる。

③平松運送店

平松為三郎は、高梁町平松家の生れ。田原丹下家の養子となる。同家に実子俵作が出生したので田原地内に分家して旧姓平松にもどった。理財に長じ、特に清算事務に精通していた。全通橋の命名者でもある。

当時、田原は交通運送の唯一の機関高瀬舟の終点で地方物資の集散地であった。平松運送店はそうした物資の取扱店であった。また、吉岡銅山トロッコの田原駅の管理にもあたった。ついに川上、上房、阿賀、哲多の四郡第一の富豪と呼ばれるようになった。

屋敷の裏手に、水運、商売の神様とされ、美保神社、稲荷神社を勧請して、現在でも祭祀が行われている。

また、後継者である亀太郎は、村会議員、郡会議員を務め、東城往来の道路開発、全通橋、田原橋の架橋などに尽力した。

昭和四年（一九二九）、功績をたたえ、銅像が建立された、像は、成羽出身の児島矩一（児島虎次郎の甥）、題字は犬養木堂の筆による。戦時中の金属供出で像はなくなり、台座だけが残っている。

④田原橋

東城―成羽間の道路は物資輸送に重要な路線であって、明治二十七年（一八九四）、ようやく開通した。田原から新見に至る道路は、吉岡鉱山の必要性からを坂本を中心として改修された。大正三年（一九一四）、新見―成羽間が県道に編入された。

この当時、田原は東城往来と新見往来の分岐点として、交通の要衝であったが、現在の田原橋の位置に橋はなく、田原渡船場があった。そこで、大正六年から、油野村字田原と平川村字惣田の間に橋梁架設の計画が持ち上がった。油野村の事業ではあるが、県、郡からの補助金、油野村、平川村、富家村、成羽町、手荘村の負担金、東城町、吉岡鉱山、河田運送店、その他個人からの寄付金によって工事が進められた。大正八年（一九一九）六月二十五日、田原橋の落成式が行われた。土橋である。

その後、昭和八年（一九三三）六月、県費によって永久橋に架け替えられた。

時代が進んで自動車が発達すると、家が立ち並んでいる田原の街は、道路が狭く交通不便になった。このため、田原橋から上流へ距離二キロのバイパスが計画された。田原バイパスは、昭和五十九年（一九八四）十二月二十日に開通した。昭和八年に架設された旧田原橋は、昭和四十七年の大水害にも耐えたが五十年の幕を閉じた。

⑤全通橋

成羽東城間の道路改修のうち惣田井川間の改修は難工事を極めた。二又瀬は成羽川を眼下に見降ろす急崖にあり、これを切り開くために、巨額の費用と長期の日数を要した。道路は、急崖に沿って外側を回って成羽川を見下ろしながら進んだ。

明治三十一年度（一八九八）、二又瀬の難工事を九五〇〇余円で竣工した。総工費三二五三〇円三六銭の巨費を投じ中断期を挟んで血と涙の苦節十四年を経て、明治三十二年六月、ようやく成羽東城間の道路改修は完成した。田原の平松為三郎氏の命名による「全通橋」の橋の名にその喜びが込められている。

最初の全通橋は、両側の絶壁の中途から八の字に橋脚を出し、その上に橋桁を渡した木橋であった。現在のコンクリート橋は、大正八年（一九一九）一月に架け替えたもの。

現在は、西側に二車線の備中トンネルが開通している。全通橋は、往時の通行も無く、先人の苦労をいとおしむように静かに成羽川を見守っている。

写真は、全通橋を対岸から撮影したもの。右方の絶壁が途切れたところをつないでいる。道路は、水面から数十メートルの高さにある。断崖の下は急流になっており、水流によって岩がえぐられている。

⑥備中トンネル

備中トンネルは、二又瀬と角子間を結ぶ二八六メートルのトンネル。昭和四十九年（一九七四）三月に竣工し、五月二十八日に開通した。それまでは、川面を見ながら絶壁を巡って外回りに通行していた、交通の難所。全通橋の開通からちょうど七十五年後にあたる。

⑦田原の地神塔

地神と書くこと多いが、ここは地皇。万延元年（一八六〇）庚申八月、田原下組と惣田で建立したもの。春分、秋分に最も近い戊《つちのえ》の日を社日とし、この日に祭祀を行う習慣がある。現在も祭祀が行われている。

かつては、中央を通る道路のそばにあったが、現在は道路から少し入った位置に移転している。

⑧湯中橋

田原地内は、かつての名称では、左岸（東側）は川上郡中村、右岸（西側）は川上郡湯野村である。道路は、下流では湯野村を上流では中村を通っている。途中で川を渡るが、この橋の名は、湯中橋である。親柱に名が刻まれているが、流麗な筆致である。昭和十一年（一九三六）架橋。写真は、湯野村から中村を見た所。

田原地域は、行政的には入り組んでいる。坂本川の西側はもとは湯野村に属し、下組・中組・上組に分かれる。坂本川の東側のうち下流地域は布寄田原（もとの中村）、上流地域は中野田原（もとの中野村）という。また、田原橋の南側の惣田は、平川村に属した。かつては、この地域への郵便は四か所の郵便局から配達していた。

⑨馬場下橋

田原から油野に上がるには、県道から離れて橋を西に渡る。この橋の名は、馬場下橋。かつて、吉岡鉱山の物資運搬のため馬が使われた時期があった。この橋のあたりに、厩舎や馬場があったことから、この名がついたと思われる。昭和三十五年（一九六〇）十一月にそれまでの土橋から永久橋に架け替えられた。その後、道路拡張工事に伴い、現在の形になる。写真は、西側を見たところ。渡っ

てすぐ左に田原小学校、右に田原高等学校があった。現在は親柱がなく、橋の名も表示されていない。なお、近くに屋号が馬場という家がある。

⑩田原小学校

田原小学校は、明治五年（一八七二）十一月、中村大字布寄万福寺に愛日小学校として創設。明治九年、東油野字門御堂に校舎を新築移転。明治二十五年（一八九二）東油野尋常小学校と改称。昭和三十六年（一九六一）、校舎新築。最後の校舎となる。昭和六十二年（一九八七）三月、町内小学校統合により閉校。昭和六十二年度からは富家小学校（もとの布瀬小学校）へ通学した。

⑪田原高校

田原高校は、地域を挙げての熱望により、昭和二十三年（一九四八）四月一日、湯野村東油野、衆啓小学校の三教室を仮校舎として開校。湯野、平川、中、吹屋、四か村立、県立成羽高等学校田原分校として発足。昭和二十四年、現在地に校舎を新築。昭和二十九年十一月、湯野村外三か町村高等学校組合立岡山県田原高等学校として独立。昭和三十一年、町村合併の結果、備中町成羽

町高等学校組合立岡山県田原高等学校と名称を変更。昭和三十八年四月一日県営移管、岡山県立田原高等学校となった。この間、有為な人材を数多く輩出してきた。しかし、地域の過疎化が急激に進み、入学者は減少の一途をたどった。全県的高校再編計画によって昭和六十年（一九八五）三月三十一日をもって閉校した。写真は、田原高校跡地にある青春の碑、校址の譜。題字の揮毫は川上亀義。

　運動場の端に、カヤ（榧）の大木がある。備中町指定天然記念物、昭和五十八年十月一日指定。樹高二十二メートル、目通り三・五メートル、樹齢推定五〇〇～六〇〇年。近郊に例を見ない巨木である。根元は周囲より沈んでいるのは、昭和三十三年運動場拡張時、土に埋もれるのを防ぐため石垣で囲んだからである。

⑫備中中学校

　かつて備中町は、富家・平川・湯野・西山の四つの中学校があった。いずれも、戦後の新制度のもと、昭和二十二年四月に開校した。昭和五十五年（一九八〇）四月に湯野中学校と西山中学校が統合し、成羽町布寄一〇九番地の新築校舎に移った（写真）。

さらに、昭和六十二年四月に富家中学校と平川中学校もこの地に統合し、備中中学校を開校した。この時点で、備中町内の中学校は一校だけになった。

その後、備中中学校は平成二十九年三月三十一日をもって閉校、成羽中学校へ統合した。

備中中学校の校門横にある標柱。東経一三三度二六分一九秒、北緯三四度四八分五七秒、標高一五〇メートル、川上郡成羽町大字布寄一〇九番地と刻まれている。縦横一三センチメートル、高さ一・四メートル。平成五年（一九九三）七月、田原の（有）西川石

材工業の寄贈による。生徒たちの地理の学習に役立った。

⑬成羽川発電所

吉岡鉱山に供給するための笠神に発電所が設置され、明治三十六年（一九〇三）十月に運転を開始した。さらに、約十年後、電力需要の増大のため、井川に発電所を設けた。昭和二十年（一九四五）の水害によって運転中止となった。

成羽川発電所は、井川にあった発電所。大正十五年（一九二六）に着工、昭和三年に

完成した。最大出力一万二千九百キロワット。東城の帝釈川から取水し水路総延長距離は十四キロメートル。最大出力一万二千九百キロワット。戦後、中国電力が経営を引き継いだ。昭和四十三年九月三十日をもって発電を停止。

現在、備中町内では、新成羽川発電所・田原発電所・黒鳥発電所が運転されている。写真は、井川の発電所建物。現在、倉庫として利用されている。

⑭新成羽川発電所

瀬戸内海沿岸、特に水島の工業発展に伴って電力と工業用水の需要が増大した。中国電力は、昭和三十二年（一九五七）六月頃から新成羽川発電所の建設を計画、調査を始めた。昭和三十五年九月には調査状況と計画発表会があった。中国電力と岡山県が共同施工する多目的ダムを建設するのである。最終的には、昭和三十七年一月二十二日、備中町役場において建設決定との表明があった。中国電力、備中町、ダム反対同盟など関係者が集まった。

この時点では、笠神、川戸、黒鳥の三地点にダムと発電所を建設する計画だった。後に、川戸は変更され田原に決定した。

昭和三十八年（一九六三）十月十七日、当初から六年を経て補償交渉が妥結し協定の調印が行われた。

水没住民は昭和三十九年十一月三十日をもって故郷を立ち退くことになった。

建設反対同盟が結成されたのは、昭和三十三年五月。中国電力と補償交渉を重ね、この間同盟が開催した総会は三十九回、委員会二百三十一回、調査出張二十一回、延べ八千五百人が努力を重ねた。

新成羽川ダムの建設によって集落の一部または全部が水没したのは、小谷、目尾、加合木、柳平、佐原目、方谷、清川内、信、穴針、法谷、笠神、である。水没補償の対象となったのは備中町で八十三戸。また、田原ダム、黒鳥ダムによっても水没した家がある。

昭和三十九年四月二十四日、油野小学校柳平分校で、反対同盟の人たちや離郷者の「お別れの会」が開かれた。小田町長の挨拶に「先祖伝来の土地を湖底に沈め、他郷に移られる皆様の心情は、察して余りある」とある。この時点で、六十パーセントの人が移転を完了していた。

本ダムの建設は、昭和三十九年十月着工した。昭和四十三年に完成し六月一日に湛水式があった。同時期に田原ダム、黒鳥ダムも完成しダム湖が現れた。

⑮笠神の文字岩

新成羽川ダムのすぐ下流、川の中にある岩に文字が書かれている。笠神の文字岩という。鎌倉時代の徳治二年（一三〇七）、笠神の竜頭の瀬を中心に、上下十余数か所の難所を掘削して船が通りやすくした。この工事の開通を記念して記したもの。ダムの放流によって水没するため、レプリカを作って、高い位置の道路わきに置いてある。文字岩公園である。

岡山大学藤沢晋による解読は次のとおり。

笠神船路造道事

徳治二年丁未七月廿日始之八月一日平

之己　丁時□□

右笠神龍頭上下瀬十余ケ所者為日本無

雙難所之間

薩埵慈悲大士　懐不可不奉不可不　依

之

相勧諸方十余ケ日月平之功己己丁

大勧進沙門尊海　当国成羽善養寺

奉行　沙門実専　南都西大寺実

根本発起四郎兵衛

石切大工伊　行経

午　藤原

「龍頭上下瀬十余ヶ所」は、小谷―田原間と思われている。船路の開発の目的は、輸送路の確保。備中北部や備後東城付近から鉄や多くの物産が運ばれていた。四郎兵衛という工事の発起人は、大勧進は成羽にあった善養寺（廃寺）という寺の尊海。本山だった奈良西大寺の実専が来て奉行を務めた。石切大工は伊行経とある。

平川村の庄屋平川親忠が享保二十年（一七三五）に著した「古戦場備中府志」に、次のようにある。

竜頭といえる瀬の中に、笠神大明神と号して神石あり。頗る大石たり。石の面に徳治二年の碑文あり。享保年中に至るまで、その四百三十余歳に及びけれども、篆字正しく伝われり。神威を慎て碑文は書識しつ。拝し見つべし。

刻まれてから四百年以上経過した時期に書かれている。この文書中に碑文は記録していない。

また、近くに歌石と言われるものがある。これは、近世になって天領作州久世の代官であった早川八郎左衛門正紀が寛政九年（一七九七）に、この地を訪れ、文字岩銘文を読んで所感を岩に刻んだもの。

寛政九年卯月末つかた廿四日来りて笠神なる石ぶみを見けるに、かかる川中に幾百年を経にけむ日に晒水にうたれて文字の跡もわかれざりければ

たき河に幾百とせをへにけらし　徳治の文字の残る石ふみ　源正紀

当時、すでに解読が困難であった。

早川代官がこの地を訪れたのは、文字岩近くの大きな石の上に祀られていた笠神大明神参詣のため。夫婦岩とも言われたこの石は、

ダム工事の際、破壊された。

笠神の文字岩に最初に注目したのは、有漢町臍帯寺の住職、大本琢寿。昭和十四年（一九三九）、拓本を取り解読に成功した。『笠神文字岩の研究』（大本琢寿著）。これにより当時の平川村長を動かし、昭和十六年、国の史跡指定を受けた。

写真は水没前の文字岩周辺を上流から見たもの。文字岩は、二つの大岩の右上。

文字岩は、保存のため周囲を囲ってある。昭和四十三年、ダムの完成とともに湖底に沈んだ。

文字岩周辺整備計画の一環として碑文と歌碑のレプリカを新設するため、本体を調査する必要が生じた。平成三年（一九九一）十月二十二日、二十三年ぶりに浮上。

中国電力の協力により午前八時から水位を下げた。調査終了後の午後二時には再び水中へ沈んだ。

⑯清川内紙

平川村清川内は、ダム湖の奥まった所、西山へ上がる道路の対岸にあった集落である。この地域は谷が深く耕作地が狭かったため、農業以外の副業が盛んであった。手漉き和紙作りもその一つ。清川内を中心に作られた和紙を清川内紙という。

原材料の楮（こうぞ）とトロロアオイ（黄蜀葵）が多く採れた。明治になって三椏（みつまた）の栽培も始められ、生産量が多くなった。明治末には佐原目に備北製紙会社もできた。

日本の紙が和紙から洋紙へ移るにつれ、生産量や従事者が減少していった。

昭和三十七年（一九六二）一月、新成羽川ダム建設の決定により、この地域が水没することになり、紙漉きを続けてきた七人のうち六人は廃業を決断した。

清川内の丹下哲夫氏は、他の地域に移転し紙漉きを続けると決断した。昭和三十九年四月、倉敷市水江に移転し、「備中和紙」の名のもとに手漉き和紙の伝統を守った。氏は、数々の賞に輝き、昭和五十九年（一九八四）黄綬褒章受章。平成十六年（二〇〇四）岡山県重要無形文化財に認定された。平成二十九年死去。現在、孫の丹下直樹氏によって備中和紙の伝統は、継承されている。

⑰小谷鎮守神々宮居

新成羽川ダム湖の一番奥の位置には小谷の集落があった。現在、立木橋から道路沿いに進んだ所に、小谷鎮守神々宮居がある。小谷神社、小谷荒神社、坪野神社、妙見神社、行

者宮の五社を昭和三十九年（一九六四）二月、水没しない高いこの位置に合祀した。

写真の碑は、平成十年（一九九八）十二月に再建されたもの。

⑬ 桃太郎資料館

田原上区にある「桃太郎資料館」、平成十八年開館。

この家の出身で東京へ出て成功した小久保桃江氏は、長い間、桃太郎に関する資料を収集し自宅の一室を資料館にしていた。

晩年、資料は実家に送られ甥にあたる当主が資料館を建てた。貴重なものが多数ある。

屋根は色瓦を使って葺いてあり、東側が桃太郎、西側が桃の絵になっている。

氏は、平成十九年に一〇四歳で亡くなられた。

⑲ 加合木地神塔

本ダムから四、五キロ上流、山の中腹から上に加合木の集落があった。ダムによる水没はなかった。戸数は徐々に減り、二十年前に最後の一人が集落を離れた。自動車道路は最後まで来なかった。ほぼ水平に人が歩ける道路が

あった。国土地理院の二万五千分の一地図では、この道路が点線で表されている。その途中、東加合木と西加合木の境に地神塔がある。明治二十四年（一八九一）八月吉日。ちょうど真下に加合木隧道がある。

西山

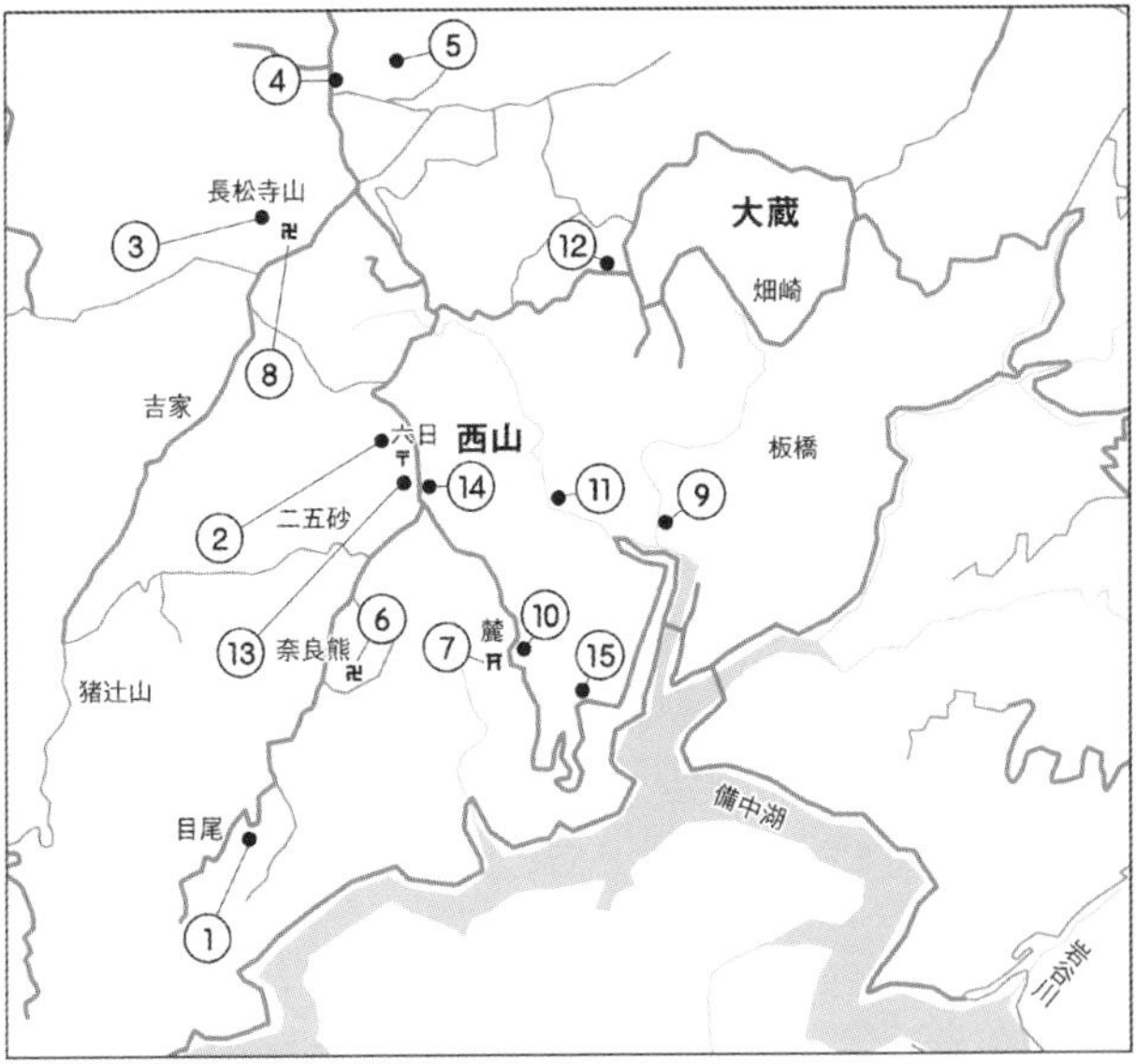

①目尾古墳　②庄屋古瀬田　③長松寺山　④村境道標
⑤高山　⑥澤正寺　⑦戸構城　⑧長松寺　⑨惣三神社
⑩京屋敷　⑪鈴木の滝　⑫大蔵神社　⑬西山小学校
⑭西山荘　⑮風穴

11 西山

西山は、備中町の北西端、標高四〇〇〜五〇〇メートルの高原地帯を占める。明治二十二年（一八八九）までは独立した西山村。東は西油野村、西は備後境、南は平川村。徳川時代には松山藩領を経て、幕府地（備後上下支配所）となり、幕末を迎えた。

文政八年（一八二五）の村明細帳（赤木文書）は、

「当村之儀、隣村ニ勝レ極高き所ニ而、寒気強地味不宜、深山幽谷ニ飛散田畑有之、十月より翌二月末迄雪消不申、其上猪・鹿・兎・猿夥敷防方ニ難儀仕」

と村の概況を記している。畑作物としては大小豆・粟・稗・蕎麦・煙草がみえる。

明治五年（一八七二）、西油野村と西山村は、第九大区川上郡の第十三小区とされた。明治二十二年町村制施行により、東油野村、西油野村、西山村が合併し、湯野村となった。

西山に城跡があり、別名戸構城という。『備中府志』では、この城は中野（成羽町）の瀧谷城主赤木太郎忠長の後裔赤木泰忠の築城という。袈裟尾城主の赤木氏の同族。

①目尾古墳

西山の目尾古墳は、後期古墳時代のもの。備北有数のものとされる。幅一・五メートル、長さ七メートル。内部の左右と奥側は、平たい大きな石が積まれ

ている。昭和三十六年（一九六二）八月、備中町教育委員会は、倉敷考古館の真壁氏を迎えて調査を行った。盗掘されているが、和鏡が発見された。千数百年前のこの地は、相当ひらけていて、豪族が住んでいたことが推定できる。

この発掘調査の際、約六〇〇年前と推定される経塚を発見した。これを裏書きする鏡、勾玉、焼物の土器を発見した。

この際、西山に経塚が確認された。ここから出土した和鏡は、中央下に「天下一」とある。もともと「天下一」は鏡師の名前であるが、江戸時代に禁止（天和二年・一六八二）されるまで、ほとんどの鏡師が模倣した。

②庄屋古瀬田

西山の赤木氏は江戸時代、代々庄屋、時代を溯れば代々の西山城の城主であった。屋号を古瀬田という。明治以降も、誠七郎、雄太郎、樟一と三代続いて傑出した物を輩出し、行政、文化など多方面で功績があった。

明治三十六年、正面から見たところ
（写真提供：江草　正光 氏）

裏山から良質の水がわき出し、明治八年（一八七五）に酒造業を開始した。現在、井戸が残っている。

古老の話によると、水道設備が十分でない頃、小学校の渇水の時、この井戸まで汲みに行ったという。

家の前方の小高い丘を「風致園」という。この場所は宅神として天神様、つまり菅原道真公を祀った祠があることから、天神が丘と称されている。江戸中期に赤木氏の庭園として築庭された。

ここに、三代の彰功碑が建てられている。（写真）左端は、赤木誠七郎の彰功碑。氏は、弘化三年（一八四六）高梁町生まれ。赤木家の女婿となり庄屋職を司る。明治維新後は戸長、維新前後の二十年に亘って村政に従事した。中央は、雄太郎の彰功碑。氏は、誠七郎の長男、元治元年（一八六四）生まれ。父の後を受け村政に従事した。闔郷を富ましめんと欲し、規画なる百般の事業経営を試む、とある。

この二基は、大正十四年（一九二五）十一月に建てられた。右端は、樟一氏の碑。

昭和三十六（一九六一）年十一月建立。氏は、明治二十一年（一八八八）生まれ、誠七郎の長男。盛岡高等農林学校林学科を卒業、古河鉱業林業部に勤務し理事となる。昭和二十一年西山に戻り、電灯設備の設置、農協の設立など多くの公共に尽くした。積善の家に余慶あり、とある。昭和三十七年紺綬褒賞に輝いた。昭和四十三年（一九六八）十月四日死去。

なお、天神が丘は、昭和時代に旧備中町に寄贈されている。現在「風致園」として、赤木氏の功績を伝える地域の憩いの場所となっている。

③長松寺山

西山の長松寺山は、論山とも言われる。隣の上大野部村と西山村の村境争いがあった。一七〇〇年代半ばのことである。議論が決着つかず、また、どちらも天領であったことから、双方の庄屋が江戸に出て、訴訟した。江戸公事、つまり、江戸での裁判沙汰となった。その後、決着まで三年かかったという。結果は、大野部の主張が通り現在の境界に定まった。そのため、訴訟の前か後かは分からないが、現在に至るまでこの山を論山という。

西山の庄屋赤木家では、江戸留守中に火災が起きた。留守居の妻は主人に申し訳ない、江戸から帰るまでに大急ぎで家を新築すると言って、望を果したという。赤木雄太郎の「我が家の歴史」によると、明治二十八年に発見した棟札に、

本宅、寛延二年（一七四九）二月幸蔵
　代に建築、火災後再建なり
と書かれているという。

④村境の道標

　西山から哲西町へ入った大野部の信藤という集落である。ここに、道標があり、かつて村境だったのだろうか。現在の境と比較して哲西側にあるから、西山は争いに負けて境界は後退したことになる。

　右ハ西山・瀬河内・平川道、左ハ吹谷・
成羽・岡山道、施主惣社斎藤平助　世話
人組中

と刻まれている。備中吉備郡総社村の斎藤平助は、この地点で道に迷い困っていたところ、土地の人に教えられた。その親切に感じ、道標を立てる費用を置いていった。信藤の人がその志を体して建てたと言い伝えられている。

　この地は、かつてはこの地方の重要な交通交易路であり、人や馬が多く通った。備後の東城から、備中の大野部、信藤、高山に達したあと、郡境を北東に向かえば、高岩、目金、阿曽毛、藪、上光谷、坂本、吹屋と通じる。東城―吹屋往来である。また、南東へ進めば、西山村、麓村、平川村の清川内、北村を経て、平川村に達するのである。

⑤高山

　西山中心部から県道を北西に進むと哲西町との境、右手に高山《たかやま》がある。孤立した山容が美しい。地質学的には玄武岩円錐丘と分類される。川上町の弥高山や須志山も同じ分類。高原のはるか向こうにこれらの孤立山が見える位置は、布賀、油野、平川の絶景スポットである。

西山にある、高山、長松寺山（論山）、猪辻山、を西山三山ともいう。

⑥澤正寺

西山の金生山澤正寺は浄土真宗本願寺派末寺で、暦応四年（一三四一）に存覚が開山、建立したのは細川磯五郎とされる。その後、宝暦十三年（一七六三）、本願寺派から大谷派へ転派した。

本尊の阿弥陀如来木像は、備中町指定重要文化財。伝えによると、正安二年（一三〇〇）頃の鎌倉の仏師定辨《じょうべん》の作とされる。開山の存覚が持参したという。

⑦戸構城

西山の城を戸構城という。赤木弾正平泰忠が、穴田郷（宇治村、吹屋村、中村の一帯）から西山（油野郷に属する）に移った。『備中府志』では次のようにある。

弾正忠泰忠同加賀守忠晴等居す　応仁の頃細川左衛門太夫元興目代として在役

す。慶長二年中哲多郡明石山城主三輪氏の庶流三輪氏の庶流半左衛門此地に
在す

現在、城跡には大己貴神社が鎮座する。古来六社権現宮と称していたが、明治初年大己貴神社と改称した。権現様として崇敬者が多い。大蔵神社についで二の宮として崇敬されている。赤木弾正の建造と伝えられている。

⑧長松寺

長松寺は、千手観音を本尊として、天文五年（一五三六）禅庵の開いた寺である。享禄元年（一五二八）これを建立したのは、赤木弾正泰忠といわれる。赤木氏はこの地方屈指の戦国土豪である。

惣三郎

京都でケンカをして、相手を斬ったため追われた惣三郎という人物は、西山の地へ逃げ、立木（地名）

の岩穴に隠れ住んでいた。近くの植木という家の人が密かに食事を運んでいたという。ついに捕えられ、処刑された。長松寺に墓があり、墓碑に、

　青峯護山菴主、正月廿八日、俗名惣三郎

　年号は記されていないが別の資料によると、延宝九年酉（一六八一）のこととある。

　また、近くには立木から勧請した惣三大権現がある。戦前、戦中は徴兵除け、武運長久のため祈願する人が多かった。祈願のときは、女装して参ると霊験あらたかであるとされ、近くで着替えて参ったと伝えられている。

　大蔵集落から成羽川に降りる山道沿いに惣三神社が建立されている。

　写真は、立木の惣三神社（**地図の⑨**）と惣三神社のそばの隠れた洞窟。洞窟は、大きな平たい石の下で、奥行き五メートルくらいある。

　また、西山の麓（ふもと・地名）に「京」がつく小字がある。京屋敷、京の上（**地図の⑩**）。写真は京屋敷にある惣三郎の墓といわれるもの。年号が刻まれているが、判読しがたい。西山にはほかに、小字名の「京免《きょうめん》」がある。古老によると、

年貢を免除してもらった土地とあり、京都二条家の領地と惣三郎に関係がある。

⑪鈴木《すずうぎ》の滝

備中町最大の滝は、鈴木の滝である。新成羽川ダム湖の一番奥、立木橋を渡って右折、西山に向かって五〇〇メートル進むと小谷神社と谷川がある。谷川の川底に巨岩があり、この谷川に沿って険しい道を上ること十五分、四段の壮大な滝が現れる。近づくのは容易ではない。

⑫大蔵神社

大蔵神社は明治以後の呼称、以前は山王宮と称していた。山王大蔵神社ともいう。大願主である赤木家の祖、戸構城主赤木弾正が大谷の山王山からこの大蔵の地に遷宮したものと言われている。

創建は天文三年（一五三四）、大蔵神社の棟札。

天正九年（一五八一）十一月十八日、奉遷宮山王一宇事右意趣者　当社安穏別者大旦那源元晴、

大梵天王小工藤原宗次、帝釈天王大工藤原盛吉

とある。源元晴が誰かは不明。江戸時代の棟札はどれも赤木氏となっている。この神社の貴重な資料。

棟札は他に、天文九年（一五四〇）、享保九年（一七二四）のものがある。現在は、安政六年（一八五九）の再建。切妻造、檜皮葺（現在は銅板張）、拝み（屋根が合わさったところ）に、鰭付き三つ花懸魚が吊られている。神社本殿は、装飾の多く、細部の意匠と技術ともに優れ、全体的に調和のとれた美しい建築とされる。

拝殿は、昭和四十五年（一九七〇）八月、台風一〇号によって大きな被害を受けたが、再興されている。

⑬西山小学校

西山小学校は、明治六年（一八七三）五月、澤正寺を仮校舎として発足。明治七年（一八七四）、二五砂に校舎新築。明治三十二年、六日に新築移転。児童数のピークは昭和三十四年度（一九五九）、男子一〇四人、女子八七人。昭和四十八年（一九七三）創立百周年。記念プール完成。

写真は、昭和五十八年（一九八三）二月新築の校舎。平成二十八年三月閉校。

⑭西山荘

西山中学校は、昭和二十二年（一九四七）四月、西山小学校の校舎の一部を利用して、油野中学校西山校舎として発足。その後、昭和二十四年独立し、西山中学校となる。昭和二十六年新校舎竣工。昭和五十五年（一九八〇）三月三十一日閉校し、油野中学校（田原）へ統合した。

跡地に、コミュニティハウス「西山荘」が建てられた。昭和五十六年二月七日、落成記念式典でオープンした。祝賀会場には地区の人二百人が集まり、喜びにあふれた。町内五番目のコミュニティ施設。

⑮西山の風穴

立木橋を渡り西山に向かって二・三キロ、直線道路が左折する直前の右側にある。百年前か千年前かわからないが、岩が崩れて空間が残った。そこから風が吹き出している。地中の空気が出ているので、一年中温度が変わらない。

風穴は笠神にもあった。養蚕が行われていたころ、蚕の卵を紙の上に産み付けさせ、それを風穴で保存するという方法が全国的に行われていた。笠神の風穴もそのような使われ方をした。

12　参考文献

◆広報誌「備中町報」、「広報備中点「広報びっちゅう」◆『備中町の名所』高見格一郎著、高見寿復刻　平成二十八年　◆『備中町史（全三巻）』　備中町　昭和四十四年　◆『古戦場備中府志』平川金兵衛親忠◆『備中誌』昭和五十二年復刻　◆『備中町の民俗（第一次報告）』岡山県備中町民族総合調査団　昭和四十年　◆『川上郡誌』　私立川上郡教育会　昭和九年　◆『川上郡史』原田龍右衛門　昭和二年　◆『備中町の文化財』備中町教育委員会　一九九二年　◆『備中町教育記念史』備中町教育委員会　平成十六年　◆『岡山県金石史』永山卯三郎　昭和五年　◆『笠神文字岩の研究』（成羽史話第八集）大本琢寿　昭和三十四年　◆『十四世紀の成羽川水運開発記念碑「笠神文字岩」について』藤沢晋　一九六四年◆『ふるさと平川歴史探訪』江草正光　二〇一二年　◆『読み物教材　郷土に輝く人々』金尾恭士　平成三十年　◆『鉱物学と私』逸見吉之助　昭和六十年　◆『川上郡略史　成羽史話第六集』昭和三十三年　◆『新成羽川ダム水没地域の民俗』岡山県教育委員会　昭和四十年　◆『存覚上人と光伝寺』吉岡五郎男　昭和五十八年　◆『わが町備中町、そして平川』西道堅　平成十二年　◆『成羽町史』成羽町　◆『川上町史』川上町　◆『詩人久保田宵二』久保田宵二顕彰会　平成元年　◆『岡山県の地名』平凡社　一九八八年　◆『岡山県大百科事典』山陽新聞社　昭和五十五年　◆『赤松月船』定金恒次　平成二十五年　◆『赤松月船の世界』定金恒次　岡山文庫二二八　◆『柳平やなびら　手造り絵本』村上昭一　二〇〇二年　◆『加合木かごうぎ　手造り絵本』村上昭一　二〇〇二年　◆『岡山県古文書集』藤井駿　一九八一年

13　故郷を思う

私は現在、備中町を出て、岡山市に住んでいる。なつかしい故郷はどうなっているかといつも考える。

平成九年（一九九七）、平川村の村長を務めた赤松月船氏が亡くなられた時書いた文章がある。

矢掛町の洞松寺住職の詩人赤松月船氏が亡くなられた。私は一度もお会いしたことはないが、その名前には親しみがある。氏は鴨方町出身。大正八年上京。佐藤春夫、室生犀星らと交流し、試作を深めた。昭和十一年帰郷後は川上郡平川村（現備中町）観音寺住職の傍ら村長を務め、その後矢掛町へ移った。

私のふるさとは備中町である。私が通った中学校・高等学校の校歌は、いずれも赤松月船作詞である。

備中町立富家中学校（廃校。現在は、備中中学校に統合）校歌

一　一すじに励みはげみて　こころよき努力の日毎
大川を流れる水と階調（ハーモニー）
つくることなし（二・三番省略）

岡山県立成羽高等学校校歌

一　知識の園は花満ちて　学徒に高き栄光あり
黄金に燃ゆる陽を仰ぎ　希望は常にあらたなり（二・三番省略）

若き詩人がいて希望にあふれた校歌がつくられ、子どもたちがそれを歌った時期があっ

たということだ。懐かしいふるさとを思い浮かべた。

備中町で昨年町制施行四十周年の式典があった。この四十年間に人口は減少し、現在は老齢人口（六十五歳を超える人口）の割合が県下第一位の過疎の町になっている。かくいう私は岡山へ移り住んで久しく、人口減少の数の中に入っている。年老いた両親は過疎の町で頑張っている。校歌に歌われた明るい希望は、再び実現するのであろうか。

文部省唱歌「故郷」の三番はこういう歌詞である。

こころざしをはたして　いつの日にか帰らん
山はあおきふるさと　水は清きふるさと

いなかを離れ、都会に住んでいる人は多い。私を含めてその人たちは定年になって仕事を終えたとき、ふるさとに帰り住むことになるだろうか、と考えた。

これは、平成九年（一九九七）八月十三日、山陽新聞ちまた欄に、「赤松氏が託した希望実現しよう」と題して少し短く編集されて掲載された。

14　あとがき

私は、昭和二十四年（一九四九）九月、備中町布瀬に生まれた。昭和三十一年四月、布瀬小学校に入学。校舎は建設中、一年生の教室は講堂を仕切った一角であった。五月に完成し、担任の先生に連れられて新しい校舎を見て回った。一階の端の部屋が一年生の教室になった。その年の九月三十日に、備中町が始まった。

備中町発足当時から「備中町報」が毎月発行された。その中で、高見格一郎氏による「備中町の名所」が十年にわたって書かれた。先年それを復刻し、日本文教出版から刊行した（二〇一六年）。この内容は、昭和三十年～四十年代の初めまで、つまり、今から六十年前～五十年前までの内容である。当時のことがよく分かるが、古くなっている部分がある。復刻が完成したら現在版を書こうと思っていた。幸い刊行できたので、つぎに取り掛かった。

自分が生まれた布瀬のことは分かるが他の地域はよくわからない。そこで、布賀、平川、湯野、西山の各地域の方々にお願いし、平成二十九年十二月、備中町歴史研究会という組織を立ち上げて調査を始めた。

備中町歴史研究会（敬称略）

高見寿（布瀬）
三宅基正（布賀）
江草正光（平川・会長）
平木宗夫（平川）
村上國男（湯野）
赤木平八郎（西山）
村上鉄治（事務局）

会員で各地区の由緒ある寺社仏閣や名所を

回り、説明を聞き、取材し、資料を収集した。その資料を基に執筆に取り掛かった。最後の段階では、原稿を読んでいただき有益な助言をいただいた。

この間、会員以外の方々からも貴重な情報をいただき、親切にお教えいただいた。ここに記してお礼を申し上げます。

協力いただいた方（敬称略）

古米宏寿（布瀬）
中岸進（布瀬）
高見俊彦（布瀬）
高見弘道（布瀬）
高見裕史（布瀬）
大通寺（布瀬）
吉岡栄二（用瀬）
鶴見成（黒鳥）
藤田昭（黒鳥）
光伝寺（数の瀬）
山下忠（布賀）
赤木晃（平川）
前原修治（平川）
平松雅雄（田原）
吉井喜代野（湯野）
村上孝子（加合木）
真部宥賢（湯野・観音寺）
石川紘子（西山）
森﨑光政（西山）
丹下佳昭（西山）
金尾恭士（川上町）
宮本工（岡山市）
宮本哲行（備中地域局）
吉岡孝太郎（備中地域局）

この他にも多くの方々にお世話になりました。

また、日本文教出版の黒田節氏には、構想

から出版まで終始お世話になりました。

備中町は高梁市の一部となり、この地域の人口は二千人を切っているという。備中町発足時は九千八百人であった。今後どうなっていくのか誰にもわからない。

布瀬地区では、令和二年一月十一日、七年毎に行われる式年荒神神楽が行われた。布瀬地区の荒神社六社が集まって一か所で行った。かつては、荒神社ごとに行ったのだが、氏子の減少によってついに合同で行わざるを得なくなったということである。七年後は出来るだろうか、多くの人の心配である。

備中町の各地域で同様のことが起きている。だからこそ、町の歴史や名所を、少しでも伝え、残していきたいと思う。現在、備中町に住んでいる人も、すでに備中町を離れた人も、もう一度故郷を見なおす契機となればと願っている。この本が備中町のすばらしい歴史と伝統の再発見につながれば幸いです。

令和二年五月　高見　寿

著者略歴

高見　寿（たかみ・ひさし）

昭和 24 年、川上郡備中町（現高梁市）生まれ
岡山大学理学部物理学科卒、元岡山県立高校教諭（物理）、現在は岡山理科大学非常勤講師、岡山理科大学科学ボランティアセンター・コーディネーター、岡山県教委科学教育推進アドバイザー、「おもしろ実験研究所」主宰、「5分物理の会」主宰、JSTサイエンスレンジャー

所属　日本物理教育学会（2017 年度日本物理教育学会賞受賞）、物理教育研究会、ガリレオ工房

著書　単著「教室でできる5分間ぶつり実験」（日本評論社）、共著「早わかり物理50の公式」（講談社ブルーバックス）

分担執筆「物理なぜなぜ事典」（日本評論社）（韓国語翻訳）、「新しい高校物理の教科書」（講談社ブルーバックス）、「物理実験辞典」（東京書籍）、「光と色の100不思議」（東京書籍）（韓国語翻訳）、「身近な道具で大実験」（大月書店）、その他

編著「おもしろ実験研究所」（山陽新聞社、2016 年）

復刻「備中町の名所（高見格一郎著）」復刻（日本文教出版、平成 28 年）

岡山文庫　317　備中町再発見

令和 2（2020）年 5 月 30 日　初版発行

著　者　高　見　　寿
発行者　黒　田　　節
印刷所　株式会社三門印刷所

発行所 岡山市北区伊島町一丁目 4 － 23　日本文教出版株式会社
電話岡山（086）252-3175（代）振替 01210 － 5 － 4180（〒 700-0016）
http://www.n-bun.co.jp/

ISBN978-4-8212-5317-3

● 岡山県の百科事典

二百万人の **岡山文庫**

○数字は品切れ

1. 岡山の植物・西原礼之助
2. 岡山の祭と踊・神野力
(3.) 岡山の焼物・桂又三郎
(4.) 岡山の古墳・鎌木義昌
5. 岡山の民家・鶴藤鹿忠
6. 岡山の文学碑・山本遺太郎
7. 岡山の仏たち・脇田秀太郎
8. 岡山の動物・松本邦夫
9. 岡山の鳥・杉鮫太郎
10. 大原美術館・藤田慎一郎
11. 岡山後楽園・宗定克則・杉鮫太郎
12. 岡山歳時記・吉岡三平
13. 岡山の建築・巌津政右衛門
14. 瀬戸内海・緑川洋一
15. 岡山の民芸・外村吉之介
(16.) 吉備路・神野力
17. 岡山の魚・青木五郎
18. 岡山の昆虫・倉敷昆虫同好会
19. 岡山の城と城址・藤井駿・市川俊介
(20.) 岡山の果物・三宅忠一
21. 岡山の風物・岡山県広報協会
22. 吉備の女性・吉岡三平
(23.) 岡山の伝説・立石憲利
24. 岡山の酒・小出巌・西原礼之助
(25.) 岡山の街道・山陽新聞社
(26.) 岡山の絵画・脇田秀太郎・巌津政右衛門
(27.) 水島臨海工業地帯・平方与平
(28.) 岡山の旅・岡山県観光連盟
29. 蒜山高原・二若・富国・徳山
30. 岡山の歌謡・英玲二
(31.) 岡山の遺跡めぐり・間壁忠彦・葭子
(32.) 備前焼・小山冨士夫・藤原雄・中村昭夫
33. 岡山文学風土記・大岩徳二
(34.) 美作路・小山健三
35. 岡山の俳句・塩尻青笳・島津青沙
36. 岡山音楽夜話・保田太郎
37. 閑谷学校・巌津政右衛門・坂本一夫
38. 岡山の川柳・弓削川柳社
39. 岡山の民話・岡山民話の会
(40.) 岡山の刀剣・小林種次
41. 岡山の短歌・杉鮫太郎・藤原幾太郎
42. 岡山の医学・中山沃
43. 岡山の藺草・鈴木尚夫・中村昭夫
(44.) 岡山の人物・黒崎秀明
(45.) 岡山の駅・難波数丸
46. 岡山の現代詩・坂本明子
47. 岡山の交通・藤沢晋
(48.) 岡山の教育・秋山和夫
(49.) 備中神楽・山根堅一・坂本一夫
50. 岡山の民具・鶴藤鹿忠
(51.) 岡山の宗教・長光徳和
52. 吉備津神社・藤井駿・坂本一夫
53. 岡山の貨幣・原三正
(54.) 岡山の古戦場・多和和彦
55. 岡山の石造美術・巌津政右衛門
(56.) 岡山の方言・十河直樹
57. 岡山の歴史・柴田一
58. 岡山事物起源・吉岡三平
(59.) 高梁川・宗田克巳
(60.) 岡山の干拓・吉岡三平・進昌三
61. 岡山の電信電話・萩野秀
62. 吉備高原・宗田克巳
63. 岡山のおもちゃ・吉永義光
64. 吉井川・宗田克巳
65. 岡山の港・巌津政右衛門
66. 岡山の絵馬と扁額・脇田秀太郎
(67.) 旭川・宗田克巳
68. 岡山の温泉・石井猛・圓堂稔
69. 岡山の県政史・蓬郷巌
70. 岡山の道しるべ・巌津政右衛門
71. 岡山の笑い話・稲田浩二・和子
72. 美作の歌舞伎芝居・二宮朔山
(73.) 岡山の民間信仰・三浦秀宥
(74.) 岡山の奇人変人・蓬郷巌
75. 岡山の食習俗・鶴藤鹿忠
76. 岡山の明治洋風建築・中力昭
77. 山陽路の地理散歩・宗田克巳
(78.) 岡山の風俗・蓬郷巌
79. 岡山の海藻・大森長朗
(80.) 岡山の書・佐藤英夫
81. 岡山浮世噺・岡長平
82. 岡山の神社仏閣・市川俊介
83. 中国山地・三浦秀宥・竹内平吉郎
(84.) 岡山の島・巌津政右衛門
85. 岡山の山と峠・宗田克巳
86. 吉備の石ぶみ・井上雄風
(87.) 岡山の怪談・佐藤米司
88. 岡山の自然公園・山陽カメラクラブ
89. 岡山の漁業・西川太
90. 岡山の天文気象・石田五郎・佐橋謙
91. 岡山の郵便・萩野秀
(92.) 岡山の鉱物・沼野忠之
93. 岡山のふるさと村・巌津政右衛門
94. 岡山の経済散歩・吉永義光
95. 岡山の庭・山本利幸・前田勝也
96. 岡山の匠・浅原健
97. 岡山の童うたと遊び・立石憲利
98. 岡山の衣服・福尾美夜
(99.) 岡山の民俗・土井卓治・佐藤米司・鶴藤鹿忠
(100.) 岡山の樹木・西原礼之助・古屋野寛

101. 岡山と朝鮮・西川　宏
102. 岡山の和紙・臼井英治
103. 岡山の艶笑譚・立石憲利
104. 岡山の文学アルバム・山本遺太郎
105. 岡山の映画・松田完一
106. 岡山の石仏・巌津政右衛門
107. 岡山の橋・宗田克巳
108. 岡山のエスペラント・岡　一太
109. 岡山の狂歌・蓬郷　巌
110. 百間川・岡山の自然を守る会
111. 夢二のふるさと・真田芳夫　葛原茂樹
112. 岡山の梵鐘・川端定三郎
113. 岡山の演劇・山本遺太郎
114. 岡山話の散歩・岡　長平
115. 岡山地名考・宗田克巳
116. 岡山の戦災・野村増一
117. 岡山の町人・片山新助
118. 岡山の会陽・三浦　叶
119. 岡山の石・宗田克巳
120. 岡山の滝と渓谷・川端定三郎
121. 岡山の味風土記・岡　長平
122. 目でみる岡山の明治・巌津政右衛門
123. 岡山の散歩道東西・佐藤米司
124. 目でみる岡山の大正・蓬郷　巌
125. 児島湾・同前峰雄
126. 岡山の庶民夜話・佐上静夫
127. 岡山の修験道の祭・川端定三郎
128. 目でみる岡山の昭和Ⅰ・蓬郷　巌
129. 岡山のふるさと雑話・佐上静夫
130. 岡山のことわざ・佐藤・次田　竹内・福尾
131. 目でみる岡山の昭和Ⅱ・蓬郷　巌
132. 瀬戸大橋・ＯＨＫ編
133. 岡山の路上観察・香川・河原
134. 岡山の相撲・二宮朔山
135. 岡山の古文献・中野美智子
136. 岡山の門・小出公大
137. 岡山の内田百閒・岡　将男
138. 岡山の彫像・蓬郷　巌
139. 岡山の名水・川端定三郎
140. 両備バス沿線・両備バス広報室
141. 岡山の明治の雑誌・片山・来田　菱川
142. 岡山の災害・蓬郷　巌
143. 岡山の看板・河原　馨
144. 由加山・原　三正
145. 岡山の祭祀遺跡・八木敏乗
146. 岡山の表町・岡山を語る会
147. 逸見東洋の世界・臼井洋輔
148. 岡山ぶらり散策・河原　馨
149. 岡山名勝負物語・久保三千雄
150. 坪田譲治の世界・善太と三平の会
151. 備前の霊場めぐり・川端定三郎
152. 藤戸・原　三正
153. 矢掛の本陣と脇本陣・武・中山・岡田　池田・柴口
154. 岡山の図書館・黒崎義博
155. 岡山の戦国時代・松本幸子
156. 岡山の資料館・河原　馨
157. カブトガニ・惣路紀通
158. 正阿弥勝義の世界・臼井洋輔
159. 木山捷平の世界・定金恒次
160. 岡山の備前ばらずし・窪田清一
161. 良寛さんと玉島・森脇正之
162. 備中の霊場めぐり・川端定三郎
163. 岡山の多層塔・小出公大
164. 六高ものがたり・小林宏行
165. 下電バス沿線・下電編集室
166. 岡山の博物館めぐり・川端定三郎
167. 岡山の民間療法(上)・鶴藤鹿忠　竹内平吉郎
168. 吉備高原都市・小出公大
169. 玉島風土記・森脇正之
170. 洋学者箕作阮甫とその一族・木村岩治
171. 夢二郷土美術館・松田基　楢原雄一
172. 岡山のダム・川端定三郎
173. 岡山の森林公園・河原　馨
174. 宇田川家のひとびと・水田楽男
175. 岡山の民間療法(下)・鶴藤鹿忠　竹内平吉郎
176. 岡山の温泉めぐり・川端定三郎
177. 阪谷朗廬の世界・山下五樹
178. 目玉の松ちゃん・尾上松之助　中村房吉
179. 吉備ものがたり(上)・市川俊介
180. 中鉄バス沿線・中鉄バス㈱企画部
181. 飛翔と回帰―国吉康雄の西洋と東洋・小澤善雄
182. 岡山の智頭線・河原　馨
183. 出雲街道・片山　薫
184. 備中高松城の水攻め・市川俊介
185. 美作の霊場めぐり・川端定三郎
186. 吉備ものがたり(下)・市川俊介
187. 津山の散策ひがし・にし・黒田　晋　竹内平吉郎
188. 倉敷福山と安養寺・前川　満
189. 鷲羽山・山本慶一　西田正憲
190. 和気清麻呂・仙田　実
191. 岡山たべもの歳時記・鶴藤鹿忠
192. 岡山の源平合戦談・市川俊介
193. 岡山の氏神様・二宮朔山
194. 岡山の乗り物・蓬郷　巌
195. 岡山・備前地域の寺・川端定三郎
196. 岡山ハイカラ建築の旅・河原　馨
197. 牛《うし》窓《まど》を歩く・前川　満
198. 岡山のレジャー地・倉敷ぶんか倶楽部
199. 斉藤真一の世界・斉藤裕重　イシイ省三
200. 巧匠平櫛田中・原田純彦

201. 総社の散策・神野　力・葛原克人・加藤信二
202. 岡山の路面電車・楢原雄一
203. 岡山ふだんの食事・鶴藤鹿忠
204. 岡山のふるさと市・倉敷ぶんか倶楽部
205. 岡山の流れ橋・渡邉隆男
206. 岡山の河川拓本散策・坂本亜紀児
207. 備前を歩く・前川　満
208. 岡山言葉の地図・今石元久
209. 岡山の和菓子・太郎良裕子
210. 吉備真備の世界・中山　薫
211. 柵原散策・片山　薫
212. 岡山の岩石・野瀬重人・沼野忠之
213. 岡山の能・狂言・金関　猛
214. 岡山の鏝絵・赤松壽郎
215. 山田方谷の世界・朝森　要
216. 岡山おもしろウオッチング・おかやま路上観察学会
217. 岡山の通過儀礼・鶴藤鹿忠
218. 日生を歩く・前川　満
219. 備北・美作地域の寺・川端定三郎
220. 岡山の親柱と高欄・渡邉隆男
221. 西東三鬼の世界・小見山　輝
222. 岡山の花粉症・三好・難波・岡・岡野・山本
223. 操山を歩く・谷淵陽一
224. おかやま山陽道の拓本散策・坂本亜紀児
225. 霊山熊山・仙田　実
226. 岡山の正月儀礼・鶴藤鹿忠
227. 原子物理学の父 仁科芳雄・井上　泉・イシイ省三
228. 赤松月船の世界・定金恒次
229. 邑久を歩く・前川　満
230. 岡山の宝箱・臼井洋輔・臼井隆子
231. 平賀元義を歩く・渡部秀人・竹内佑宜
232. 岡山の中学校運動場・奥田澄二
233. おかやまの桃太郎・市川俊介
234. 岡山のイコン・植田心壮
235. 神島八十八ヶ所・坂本亜紀児
236. 倉敷ぶらり散策・倉敷ぶんか倶楽部
237. 作州津山 維新事情・竹内佑宜
238. 坂田一男と素描・妹尾克己・イシイ省三
239. 岡山の作物文化誌・臼井英治
240. 児島八十八ヶ所霊場巡り・倉敷ぶんか倶楽部
241. 岡山の花ごよみ・前川　満
242. 英語の達人・本田増次郎・小原　孝
243. 城下町勝山ぶらり散策・橋本惣司・倉敷ぶんか倶楽部
244. 高梁の散策・朝森　要
245. 薄田泣菫の世界・黒田えみ
246. 岡山の動物昔話・立石憲利・江草昭治
247. 岡山の木造校舎・河原　馨
248. 玉島界隈ぶらり散策・小野敏也・倉敷ぶんか倶楽部
249. 岡山の石橋・北脇義友
250. 哲西の先覚者・加藤章三
251. 作州画人伝・竹内佑宜
252. 笠岡諸島ぶらり散策・NPO法人かさおか島づくり海社
253. 磯崎眠亀と錦莞莚・吉原　睦
254. 岡山の考現学・おかやま路上観察学会
255. 「備中吹屋」を歩く・前川　満
256. 上道郡沖新田・安倉清博
257. 続・岡山の作物文化誌・臼井英治
258. 土光敏夫の世界・猪木正実
259. 吉備のたたら・岡山地名研究会
260. いろはで綴る ボクの子供事典・赤枝郁郎
261. 民話の里 鏡野町伝説紀行・立石憲利・片田知宏
262. 笠岡界隈ぶらり散策・ぶらり笠岡友の会
263. つやま自然のふしぎ館・森本信一
264. 岡山の山野草と野生ラン・小林克己
265. 文化探検 岡山の甲冑・臼井洋輔
266. ママカリ ヒラに まったりサーラ・窪田清一
267. 岡山の駅舎・河原　馨
268. 守分 十の世界・猪木正実
269. 備中売薬・土岐隆信・木下　浩
270. 倉敷市立美術館・倉敷市立美術館
271. 津田永忠の新田開発の心・柴田　一
272. 岡山ぶらりスケッチ紀行・南　一平・網本善光
273. 倉敷美観地区 歴史と民俗・吉原　睦
274. 森田思軒の世界・倉敷ぶんか倶楽部
275. 三木行治の世界・猪木正実
276. 岡山路面電車各駅街歩き・倉敷ぶんか倶楽部
277. 赤磐きらり散策・高畑富子
278. 岡山民俗館 民具一〇〇選・岡山民俗学会
279. 笠岡市立竹喬美術館・笠岡市立竹喬美術館
280. 岡山の夏目金之助(漱石)・横山俊之・熊代正英
281. 吉備の中山を歩く・熊代哲士・熊代建治
282. 備前刀 日本刀の王者・佐藤寛介・植野哲也
283. 繊維王国おかやま今昔・猪木正実
284. 温羅伝説・中山　薫
285. 現代の歌聖 清水比庵・笠岡市立竹喬美術館
286. 鴨方往来拓本散策・坂本亜紀児
287. 玉島旧柚木家ゆかりの人々・倉敷ぶんか倶楽部
288. カバヤ児童文庫の世界・岡　長平
289. 野﨑邸と野﨑武左衛門・猪木正実
290. 岡山の妖怪事典 妖怪編・木下　浩
291. 松村緑の世界・黒田えみ
292. 吉備線各駅ぶらり散策・倉敷ぶんか倶楽部
293. 「郷原漆器」復興の歩み・高山雅之
294. 作家たちの心のふるさと・加藤章三
295. 自画像の異彩画家 河原修平の世界・倉敷ぶんか倶楽部
296. 岡山の妖怪事典 鬼・天狗・河童編・木下　浩
297. 歴史・伝承・文学アート 岡山の魅力再発見・柳生尚志
298. 井原石造物歴史散策・大島千鶴
299. 岡山の銀行 合併・淘汰の150年・猪木正実
300. 吹屋ベンガラ・臼井洋輔